创业、

经济增长和就业的
空间效应研究

陈 娟◎著

中国财经出版传媒集团

经济科学出版社
Economic Science Press

图书在版编目（CIP）数据

创业、经济增长和就业的空间效应研究/陈娟著.
－－北京：经济科学出版社，2022.11
ISBN 978－7－5218－4193－0

Ⅰ.①创…　Ⅱ.①陈…　Ⅲ.①创业－研究－中国②中
国经济－经济增长－研究③就业－效应－研究－中国
Ⅳ.①F249.214②F124.1③D669.2

中国版本图书馆 CIP 数据核字（2022）第 203673 号

责任编辑：崔新艳
责任校对：齐　杰
责任印制：范　艳

创业、经济增长和就业的空间效应研究
陈　娟　著
经济科学出版社出版、发行　新华书店经销
社址：北京市海淀区阜成路甲 28 号　邮编：100142
总编部电话：010－88191217　发行部电话：010－88191522
网址：www.esp.com.cn
电子邮箱：esp@esp.com.cn
天猫网店：经济科学出版社旗舰店
网址：http://jjkxcbs.tmall.com
北京季蜂印刷有限公司印装
710×1000　16 开　12.25 印张　220000 字
2022 年 11 月第 1 版　2022 年 11 月第 1 次印刷
ISBN 978－7－5218－4193－0　定价：68.00 元
（图书出现印装问题，本社负责调换。电话：010－88191510）
（版权所有　侵权必究　打击盗版　举报热线：010－88191661
QQ：2242791300　营销中心电话：010－88191537
电子邮箱：dbts@esp.com.cn）

本书受到浙江省重点建设高校优势特色学科（浙江工商大学统计学）、浙江工商大学统计数据工程技术与应用协同创新中心、浙江省属高校基本业务费专项资金、浙江省"十三五"优势专业教学平台（经济统计学）资助

前　　言

　　近年来，全球创业活动快速发展，已经成为各国经济发展的新引擎和推动力。中国作为一个发展中大国，要在经济总量不断增加的前提下实现质的提高和持久发展，必然要关注经济增长的核心和潜力——创业。创业将有力促进结构调整，推动经济发展从过度依赖自然资源转向更多依靠人力资源，促进经济高质量发展。创业也是推进经济社会发展、改善民生的重要途径。创业能创造更多的就业岗位，缓解严峻的就业形势。创业带来的科技创新、制造创新、金融创新推动了新业态、新模式加速成长，增强了经济发展的内生动力。创业关乎中国未来发展的可持续性，是中国成为全球经济下一轮经济增长浪潮中"风向标"的助推器，也是中国经济社会实现多元复合转型的必然选择。

　　鉴于创业发展对经济增长和扩大就业的积极作用，为了更好地促进创业发展，2014年9月，李克强总理提出"大众创业、万众创新"的发展战略；2016年，国务院提出要扎实推进"双创"政策的实施，着重打造升级版"双创"；2021年6月，国务院部署"十四五"时期纵深推进大众创业万众创新，激发市场活力，促发展、扩就业、惠民生等。一系列政策和意见的出台都表明创业发展对经济增长和就业的重要影响。在此背景下，如何准确刻画我国创业发展水平及变动趋势，如何有效发挥创业对经济高质量发展和缩小地区发展不平衡的作用，如何增强创业对就业的短期和长期带动作用，成为本书的主要研究内容。

　　本书测度了中国各地区的创业发展水平，并进一步分析了创业对经济增长的带动效应和缩小经济发展不平衡的能力，以及创业在增加就业方面的短期和长期贡献，形成一套比较完整的创业与经济增长和就业之间关系的研究成果，对于把握我国创业发展情况、促进经济向高质量发展提供了事实依据。

本书主要研究内容包括：第一章绪论，对本书的背景、意义、研究方法和创新点做了介绍；第二章创业相关理论基础，对创业、创业与经济增长和就业的相关理论进行阐述，从理论上探讨其作用机制以及空间效应作用关系；第三章创业统计测度，对我国各地区的创业水平从两个视角进行衡量，并对八大经济区创业发展水平进行分析，结合面板聚类分析，考虑不同活跃度下创业发展变化的特征；第四章创业对经济增长的空间效应，采用普通面板模型分析不同类型创业对经济增长的影响程度，研究发现机会型创业与经济增长存在空间相关性，并建立空间模型展开空间效应和溢出效应的分析；第五章创业影响经济增长收敛性分析，依托各收敛模型分析创业因素对不同阶段经济增长收敛性的影响，并以八大经济区为代表，具体讨论创业条件下经济增长收敛的特征；第六章创业对就业的空间效应，在量化各地区就业发展变化的基础上，构建普通面板模型分析创业影响就业的程度，并进一步对机会型创业与就业间的空间影响和溢出效应展开实证分析；第七章创业对就业的动态滞后效应，以时间滞后效应为视角，依托分布滞后模型探究两种类型创业影响就业的动态滞后效应；第八章创新创业发展统计测度，结合经济高质量发展的背景，采用综合评价方法将创新创业纳入同一框架下进行衡量，全面反映其发展水平和变化趋势；第九章结论、建议及展望，总结本书的主要研究结论，并由此提出具有针对性的对策建议，指出未来研究方向。

本书理论创新点如下。

第一，界定了创业的内涵和本质，明确了创业的特征、类型以及途径。目前创业尚无统一的含义，本书结合自身的研究视角对创业的内涵做了界定。在此基础上从七个方面阐述了创业的本质，从五个方面刻画了创业的特征，从三个方面探讨了创业的分类。多角度、全方面地对创业的理论进行阐述是本书的理论创新点。

　　第二，研究了创业对经济增长和就业的空间效应影响机制。以往创业的经济增长效应和就业效应研究侧重于普通面板模型的时序分析，虽然体现了其作用效果，但是忽略了各地区的空间关联性。本书从空间相关的视角研究创业与经济增长和就业之间的空间效应影响的理论机制，丰富了创业研究的理论成果。

　　第三，构建了创新创业高质量发展评价指标体系。由于创新创业不是单一的经济方面，而是各种主体和社会因素相互交织的复杂系统，衡量创新创业高质量发展水平不应该是单一指标或个别指标，而应该是一个相互关联、相互影响的综合评价指标体系。从高质量发展视角，依据科学性、系统性与代表性、可行性与可比性原则，从高质量投入、高质量产出和高质量环境三方面构建评价指标体系，全面衡量创新创业高质量发展程度，是本书的创新。

　　本书实证分析创新点如下。

　　第一，考虑到不同类型创业的特点，本书分别采用不同的测度指标来衡量各地区创业水平，更加合理、准确。结合面板聚类分析方法，将各地区创业发展分为不活跃地区、一般活跃地区和高度活跃地区，可以分析不同活跃度下创业发展变化的特征。

　　第二，聚焦创业发展对经济增长和就业影响的空间相关性，构建包含控制变量的空间杜宾模型，实证分析不同类型创业对经济增长和就业空间效应的影响程度，进一步依托溢出效应模型将这种空间影响效应展开分解，探究总效应的构成中直接效应和间接效应的构成比例与贡献。

　　第三，考虑了创业条件下，各地区经济增长不均衡发展的收敛性，通过 β 收敛模型具体刻画经济增长的收敛过程，在创业作为影响因素的基础上，构建阿尔蒙分布滞后模型研究就业的动态变动效应，具体刻画创业与就业之间存在的长期影响变动关系。

　　由于笔者研究水平、研究时间所限，书中难免有疏漏之处，敬请同行专家指正。

陈　娟
2022 年 10 月

目　　录

第一章
绪　论

本章根据本书的研究主题，详述了研究创业、经济增长和就业的背景和意义，整理了国内外相关研究成果，提出了本书的研究目标，阐述了本书的研究方法和思路，说明了本书存在的创新和不足。

第一节　研究背景及意义

一、研究背景

随着第三次科技革命的到来，信息技术革命大大加速了经济全球化进程，劳动力供给与需求呈现出多样性，由此引起的高度不确定性推动使得产业结构从高集中度向低集中度变迁。世界经济的多数领域，无论是微观层次的企业生产组织经营，还是宏观层次的经济增长都呈现出新的特点，经济增长的范式也随之发生变化。大多数西方国家创业率上升，创业活动频繁，创业活动日益成为国家或地区经济活力的源泉。

近年来，全球创业活动作为科学技术最终转化为现实生产力的桥梁，已经成为经济发展的引擎和日益重要的推动力。我国经济发展进入新常态，正处在发展方式和新旧动能转换的关键期，要以创业激发全社会创造力，促进结构调整，从过度依赖自然资源转向更多依靠人力资源，打造发展新引擎，促进经济高速增长、迈向高质量发展阶段。

创业是推进经济社会发展、改善民生的重要途径。创业活动带来的科技创新、制造创新和金融创新促进了新业态、新模式加速成长，带动经济高质量发展。创业能创造更多的就业岗位，缓解严峻的就业形势。因此，中央政府出台了一系列促进创业带动就业的政策。2007 年，党的十七大提出以创业带动就业。

鉴于创业发展对经济增长和扩大就业有积极作用，为更好地促进创业发展，2014 年 9 月，李克强总理提出"大众创业、万众创新"的发展战略；2016 年，国务院提出要扎实推进"双创"政策的实施，着重打造升级版"双创"，通过创新增加就业、激发创新创业活力来增强经济发展的动力。2021 年 6 月，国务院部署"十四五"时期纵深推进大众创业万众创新，激发市场活力促发展、扩就业、惠民生等。一系列政策和意见的出台都体现出推动创业发展的重要意义以及创业发展对经济增长和就业的重要影响。在此背景下，如何准确刻画我国创业发展水平及变动趋势，如何有效发挥创业对经济高质量发展和缩小地区发展不平衡的作用，如何增强创业对就业的短期和长期带动作用，成为本书的主要研究内容。

二、研究意义

（一）理论意义

（1）近年来创业的快速发展已经引起国内外学术界的高度重视，选择何种指标衡量我国各地区的创业发展水平，学术界还没有形成统一共识。产生这种情况的原因主要是对创业内涵和特性有不同理解。目前常用的指标有自我雇佣比率、企业所有权比率、企业的进入与退出比率、整体创业活动率和中国创业指数等常用创业测度指标。从不同视角出发对各指标的适用性进行分析，对统一创业的认识具有重要理论意义。

（2）创业对地区经济增长的影响是一个热点问题，学者们从多个角度对这种影响机制和作用强度进行了理论探讨。考虑到创业和经济增长存在的空间相关性，本书重点分析了创业影响经济增长的空间效应特征，进而从理论上分析了创业发展对缩小地区经济发展差异的关键作用。这些问题的探讨形成了本书的理论研究框架，弥补了目前理论界的不足。

（3）创业促进就业，学者们通常利用简单的面板模型对这种促进作用进行刻画，但由于创业存在地区性差异，其促进就业的效应显然也存在显著的空间特征。从地理经济学的视角分析创业影响就业的空间相关性，基于动态效应角度，探讨机会型创业和生存型创业对就业水平影响的时间滞后效应，丰富当前对创业和就业关系的研究，是本书在理论方面的又一贡献。

(二) 实践意义

(1) 在分析各种创业测度指标适用性的基础上，本书从两个方面对我国及各地区的创业水平进行了统计测度，有助于刻画创业发展变化的规律和趋势。结合面板数据模型对区域创业水平进行活跃度分类，实证分析了不同活跃度下，创业发展变化的演进特征，对于考察我国各地区创业发展的基本情况具有一定的实践意义。

(2) 当前我国经济已由高速增长阶段进入高质量发展阶段，创业无疑成为带动经济高质量发展的新引擎。以资源再生、生产力发展为本质特征的经济增长方式成为新的经济形态，对创业的发展提出了更高的要求。在高质量发展背景下，实证建模研究创业对经济增长的空间促进作用和收敛性，有助于深刻认识创业促进经济转型升级，对实现经济稳定快速发展具有重要的现实意义。

(3) 创业发展是破解就业瓶颈问题的关键。创业会产生促进就业的倍增效应。创业型就业是美国经济发展的主要动力之一，也是美国就业政策成功的核心，鼓励创业是带动就业增长的主要措施。我国每年新增就业人数逐年攀升，随着产业结构进一步调整和升级，原有吸纳就业的渠道和容量越来越小，而新的吸纳领域和渠道尚未充分开拓，这就使就业形势愈发严峻、复杂。从空间相关性的视角研究创业带动就业的影响效应以及动态变化特征，可以为扩大就业、突破就业瓶颈、制定创业扶持政策提供事实依据和参考决策。

第二节 国内外相关研究综述

一、关于创业测度方法及指标

(一) 单一指标

创业被认为是企业家精神的体现，因此对创业进行度量的单一指标主要体现在对企业家精神的衡量，着重体现企业家精神特征的某一方面，并由此出发，使用最能体现其特征的数据进行度量。这类指标在公司层面主要直接使用企业的表现，如销售回报率、企业绩效或经济增长率、企业的领导能力等；社会层面则借鉴了产业经济学领域的成果，从区域内企业家的整体状况出发，将企业家精神的测定维度定义为自我雇佣比率、企业所有权比率、企业的进入与退出比率、小企业所占市场份额和市场参与创业人数等指标。由于本书聚焦区域层面的创业状况，因此，主要介绍几种度量企业家精神的指标。

1. 自我雇佣比率

自我雇佣是指最初通过建立自己的企业获得资本收益的行为（Black et al.，1996），也指在职者做出经营决策并对企业的福利负责，其薪酬依赖于企业利润（Audretsch and Thurik et al.，2011a）。这一类自我雇佣者只能是单一业主（非公司制企业）、合伙企业的合伙人和一人公司的老板，因此自我雇佣比率就是自我雇佣者占劳动力的比例份额。丹尼尔·平克认为，真正的自我雇佣者只能是小企业主和自由职业者，因为只有他们才有通过自己的视野积累财富的可能性。戴维德（David，2000）以自我雇佣比率作为潜在创业的度量指标，发现工业化程度越高的国家自我雇佣比率越高。经济合作与发展组织（Organization for Economic Co-operation and Development，OECD，2001）将劳动者分为雇员和自我雇佣者，发现不同国家的自我雇用情况与人均 GDP、失业、服务部门的规模以及平均征收税幅度等一系列变量相关，一些发达国家自我雇佣与总体就业存在正相关关系。埃利亚松等（Eliasson et al.，1998）、卡里和瑟克（Carree and Thurik，2002）、万奈克斯（Wennekers，2002）均使用自我雇佣比率进行了创业相关问题的实证分析。但是，由于自我雇佣以及企业所有权的数据记录范围过大，因此自我雇佣比率不是测度企业家精神的最有效方法；另外，自我雇佣比率主要体现在企业家的风险承担职能和发现市场机会的职能，不能全面反映大企业的产品创新、新市场的发现和开拓创新等行为。

2. 企业或商业所有权比率

企业所有权是指投资者对其投资开办企业所拥有的剩余所有权和剩余控制权。企业所有权比率就是指企业所有者人数占所有劳动力人数的比率。企业所有权比率的范围要比自我雇佣率大一些，有的将法人组织的所有者或经理作为企业主，有的还包括了非法人组织的所有者、公司制企业的股东等。该指标较接近于创业实质的指标，还可以进行跨地区、跨国和跨期比较，因此 OECD 的研究文献也倾向于用企业所有权比率作为衡量创业的变量。奥德斯等（Audretsch et al.，2002）与卡里等（2002）均采用所有权比率来反映企业家行为的活跃度。OECD 也采用企业所有权比率作为衡量创业的变量。但是，企业所有权比率将不同类型的企业家行为用统一指标来衡量，没有区分产业技术含量的高低。另外，以企业的股票所有者而不是企业创立者为标准的企业主界定，扩大了企业家的实际范围。

3. 企业进入和退出比率

企业的进入和退出反映了市场竞争程度以及企业进入和退出市场的难易程度。"进入"指一个厂商进入新的业务领域，开始生产或提供某一特定市场上原有产品或服务的充分替代品。常用指标有进入比率、净进入比率、进入的渗透比率、进入者进入后的生存时间等。"退出"指一个厂商从原来的业务领域退出，即放弃生产（或提供）某一特定市场上的产品（或服务），可以用退出比率和净退出比率来衡量。部分学者们研究表明（Caves，1998；Mayes et al.，1994；Davis et al.，1997；Yu，1997；Audretsch，2002），企业的进入和退出导致了行业的波动，进入行为会推动市场结构趋于分散化，最终促进生产率的提高。因此，一个产业（或地区）的企业进入和退出活动越频繁，那么这个产业（或地区）的企业家行为就越活跃，创业活动也就越丰富。中国学者何予平（2006）曾使用企业进入比率作为衡量创业的尺度。但是，企业的进入不能反映企业家寻租行为对经济增长的阻碍，也不能全面反映创业，比如某些新技术的发明和运用是通过产品市场的扩大来体现的，而不是企业的进入和退出。如果用新建企业的数量衡量创业，虽然可以体现创新技术的扩散，但也会抑制其他企业的创新行为。

4. 整体创业活动率

整体创业活动率（total entrepreneurial activity，TEA）是衡量一个国家或地区创业环境的指标，其度量的指标是每 100 名 18~64 岁的成年人中参与创业活动的人数。参与创业活动的人包括参与企业创立的人数和新企业的所有者与管理者，新企业指创立不超过 42 个月（即 3.5 年）的企业。整体创业活动率是从创业者角度衡量创业活动的指标。一些经济学家认为，TEA 指数是一个很好的测量企业活动整体水平的工具。它的优点在于其所得数据在全球创业研究协会成员组织中具有的可比性；不足之处是缺乏中国各地区创业活动数据而难以比较。相比从创业企业的角度衡量，整体创业活动率是从创业者的角度衡量创业活跃度，需要进行大规模的成人抽样调查，工作量和操作难度较大。有学者使用 TEA 指数对创业、集聚与经济增长的关系进行了分析（Linghui et al.，2004；Acs et al.，2005）。

5. 中国创业活动指数

中国创业活动指数由中国职业家企业协会提出，是按照某地区万人中 15～60 岁人群所拥有的私营企业数量衡量创业活跃度。全球创业观察中国研究小组为了揭示国内不同地区在创业态势上的差异，开发了衡量我国区域创业水平的指标：将成立时间不长于 42 个月的企业视为创业企业，将过去连续三年累计新增的私营企业数视为该地区当年拥有的创业企业数。此外，个人创业的另一个重要结果就是创办个人经济实体，并且私营企业创业者大多数是由个体工商户转变而来，因而可以用个体经济创业指数作为衡量区域创业活动的补充指标。个体经济创业指数的含义是某区域每万名成年人中拥有的在过去连续 3 年里累计新增的个体户数。

上述度量创业的方法都在一定程度上反映了创业的部分特征，操作简单，数据较易获得。但是，不同区域不同时间的创业都会存在较大差异，如马丁等（Martin et al.，2002）发现，在 20 世纪 70 年代前的创业主要体现为企业的扩张，之后则更多体现为小企业的出现。因此，单一指标过于简单，并不能全面反映创业的实质内涵。

（二）综合指标

由于创业的复杂性，采用单一维度进行测量显然无法反映其全貌，因此，部分学者采取了综合指标，即通过构造指标体系来衡量创业水平。如福格尔（Fogel，1994）从影响创业的五个因素进行分析和度量，即政府的政策和流程、社会经济条件、企业和商业训练、金融对商业的支持以及非商业的支持。米莉等（Miri et al.，1997）从个人的动机和目标、社会认可度、网络的附属关系、人力资本和环境五个维度来度量社会层面的创业。勒纳和亚伯拉罕米（Lerner and Avrahami，1999）用平均个人投资率和平均新创企业率两个指标综合反映各国的创业活动水平。雷诺兹（Reynokls，2001）用成人人口中正在创建一个新企业的人数和不到 42 个月的企业的所有者数量构成总创业指数。芒特（Munter，2004）用创业活动数量和新企业的增长率合成创业指数表示丹麦的创业强度。以上这些用综合指标测量地区创业活动的方法，克服了单一指标测量的片面性。

二、关于创业与经济增长

创业与经济增长的关系一直是经济学研究的热点，纵观目前的相关研究成果，可以发现创业对经济增长的影响在实证检验领域可以归纳为以下两种情况。

（一）创业正向促进经济增长

国外的许多学者从理论和实证的角度说明创业对经济增长具有显著的促进作用。艾克（Acs，2005）在地区层面探讨了创业与经济增长的关系后发现，创业与经济增长之间存在强正向相关关系。鲍莫尔（Baumol，1990）从制度激励的视角提出生产性和非生产性创业理论，并认为正向激励会产生生产性创业，进而推动经济增长。索贝尔（Sobel，2008）实证检验了鲍莫尔的理论，证实经济发展绩效与制度结构和净创业生产率指标有高度正相关关系。索特（Sautet，2013）在鲍莫尔的理论基础上提出生产性创业又包括本地创业和系统创业，并指出系统创业能享受规模经济、范围经济和广泛劳动分工的好处，从而促进经济增长。奥德斯（Audretsch，2007）利用德国数据实证以知识为基础的创业活动对区域经济发展产生积极影响。阿加瓦尔（Agarwal，2008）也认为活跃的创业活动可以为创新成果价值的实现提供保障，从而激励整个社会的创新和研发热情，带来技术进步和经济增长。科斯特（Koster，2008）认为创业是印度最近20年来经济增长的重要驱动力。唐（Tan，2009）发现风险型创业与GDP增长呈正相关。史蒂芬（Stephen，2013）考察了美国阿巴拉契亚地区的创业情况并发现，创业显著促进了这一落后地区的经济增长。约拉克（Yolac，2015）利用16个欧美和西亚国家的面板数据，证明人均GDP与创业密度呈正相关关系。还有许多学者利用OECD国家不同时间段的数据建立面板数据模型来实证说明创业对经济增长的促进作用。如布劳纳希约姆（Braunerhjelm，2006）研究发现非农业部门的创业对经济增长有非常显著的正向影响。索泰（Sautet，2013）进一步提出生产性创业中的系统创业可以促进经济增长。斯滕伯格（Sternberg，2011）通过全球创业观察（Global Entrepreneurship Monitor，GEM）36个国家的数据发现，在转型及高收入国家，创业对宏观经济增长具有显著的促进作用。艾克（Acs，2014）证实创业与经济增长存在显著的正相关关系。莫里斯（Morris，2015）在GEM分类基础上将创业分为生存型创业、生活型创业、有管理的增长型创业和高增长创业，认为有管理的增长型创业和高增长创业能显著促进经济增长。

国内也有许多学者研究发现创业对经济增长的促进作用，如何予平（2006）利用企业进入比率说明创业对中国经济增长的显著贡献。杨宇等（2007）利用相关分析方法定量说明创业和区域经济增长之间存在紧密相连的关系。邓强（2009）从创业者个性特质实现、创业行为导致的产业组织结构变迁以及创业行为效果三个角度分析了创业经济增长的促进影响。李宏彬等（2009）使用系统广义矩估计法实证了创业对我国省级层面经济增长的显著促进影响。石书德等（2009）从知识过滤的角度发现创业是中国省级层面经济增长的重要驱动力。王立平等（2009）同样从知识过滤的角度发现创业是经济增长的重要驱动力。张建英（2012）通过协整检验发现，经济增长和创业存在显著的正相关关系且互为格兰杰因果，但并非简单的一元线性关系。齐玮娜等（2014）根据30个省份的面板数据实证发现创业在创业高度活跃的区域促进经济增长。储珩（2014）认为创业有利于促进创业资本、非技术劳动、人力资本和技术的合理投入和有效整合，有利于产业结构的调整与重构，从而促进和推动经济的增长。王琨等（2016）结合新古典增长回归模型的研究，表明创业对经济增长有显著的正效应。张明妍（2017）说明了创业活动对创新驱动国家的经济增长促进作用最大，其次是效率驱动国家，最后是要素驱动国家。

（二）创业对经济增长的影响不确定

国外有部分学者利用 OECD 国家的数据，实证说明了创业与经济增长之间存在明显的"U"型关系，如艾克（Acs，1994）验证了12个 OECD 国家 1966～1990 年的数据；卡里（Carree，2002）基于23个 OECD 国家 1976～1996 的数据进行了分析。此外，也有学者利用其他数据说明了"U"型关系的存在，如万奈克斯（Wennekers，2005）证实了36个国家的创业率与经济发展水平之间存在"U"型关系。也有部分研究发现，创业对经济增长的影响不显著甚至可能为负，即创业率的增加倾向于降低经济增长率。全球创业观察认为生存型创业对低收入国家的经济增长和多样化作用不显著。谢恩（Shane，1996）认为创业活动与经济增长之间存在负相关关系，且当经济状况不佳时，人们不容易找到工作，所以更倾向于从事创业活动。布兰奇福劳（Blanchflower，2000）使用23个 OECD 国家 1966～1996 年的面板数据发现自我雇佣率变化对经济增长率有显著的负向影响。奥德斯（Audretsch，2002）发现德国创业与经济增长的关系从负向到正向的翻转，说明在经济发展的不同阶段创业对经济增长的作用不同。王（Wong，2005）利用 GEM 37 个国家的产业数据检验了创业和经济增长的关系后发现，整体的创业率增加没有对经济增长产生显著影响。谭等（Tan et al.，2009）发现创新型创业与高收入国家的经济增长率呈负相关。索贝尔（Sobel，2008）实证发现非生产性创业阻碍经济增长。斯滕伯格（Sternberg，2011）利用 GEM36 个国家的数据发现创业活动对低收入国家的经济增长影响并不显著。索特（Sautet，2011）进一步提出生产性创业中的本地创业对经济增长的推动作用非常有限。斯塔姆（Stam，2009）认为创业活动对低收入国家的经济增长作用甚微。

国内学者的研究成果也有类似的结论，宋来胜等（2013）根据中国各省数据的研究发现，创业对经济增长的促进作用只有在经济发达的沿海地区成立，而其他地区则存在一定程度的割裂。齐玮娜等（2014）根据 30 个省份的面板数据发现，从全国来看，私营企业创业对经济发展影响不显著，个体户式的生存型创业对经济发展的影响显著为负；创业在一般活跃地区对经济的作用不显著，在不活跃地区对经济发展有一定的阻碍和破坏作用。汤勇等（2014）证实创业对中部地区经济增长的拉动较弱，还不足以支撑"创业型经济"模式。

对已有文献的梳理发现，创业对经济增长的影响存在多种情况，一方面可能是因为研究所选取的创业衡量指标各不相同，研究模型存在差异；另一方面也可能是创业对经济增长的影响关系更加复杂，可能存在其他特性及因素没有考虑，如创业自身存在的空间集聚特征会影响经济增长，以及不同类型创业也会导致对经济增长的影响各不相同。在此背景下，本书主要考虑了创业的空间相关性特征，并在此基础上分析了对经济增长的空间影响效应，进一步考虑了创业对缩小地区差异的经济收敛性的贡献，弥补了创业和经济增长关系的研究不足。

三、关于创业与就业

现今学术界对创业与就业关系的研究成果大致分为两种观点，一是创业对就业具有带动作用；二是创业和就业的关系不局限于增长关系，在不同时期创业对就业的作用不同。

（一）创业对就业具有带动作用

早期的很多研究认为新创企业对就业总量具有积极的带动作用。伯奇（Birch，1981）率先实证探讨了创业活动对就业的带动效应，验证了创业对于就业的"乘数效应"，即创业带动就业具有倍增效应，创业者不仅解决了自身的就业问题，还可以通过组建公司等方式带动就业，甚至可以培养及造就更多的创业主体。约翰逊和派克（Johnson and Parker，1996）发现企业诞生率上升和企业死亡率下降使失业显著减少。阿什克罗夫特和拉文（Ashcroft and Love，1996）通过考察英国新建企业与就业的变动发现，新企业创建和净就业变化显著正相关。瓦恩（Van，2001）基于新创企业的形成和劳动力需求建立模型，提出新创企业可以通过增加就业机会来降低区域失业率。考林（Cowling，2003）认为当存在高失业率时，全员创业活动指数增加，两者相互影响。麦克米伦（Mcmillan，2003）提出在经济转型时期，会有大量失业人员流出，此阶段创业是增加就业岗位及提供创业机会的有效时期。奥利维拉（Oliveira，2006）对葡萄牙的研究发现，创业企业有较高的成长率，能比大企业创造更多的就业。布拉格（Praag，2007）又深入研究了创业的经济价值，发现新创企业具有溢出效应，从长远看会影响本地区所有公司的区域就业增长率。鲍姆加特纳（Baumgartner，2007）强调了创业与就业之间的联系，创业主体进行创业的过程中会对就业产生创造性毁灭，即毁灭旧就业岗位的同时创造新的就业机会。瓦恩和苏德尔（Van and Suddle，2008）分析了荷兰新企业创建和区域就业变化的关系后发现，新企业创建的总体就业影响是正的，但是新企业的直接就业影响可能较小，并进一步指出新企业的就业影响在制造产业最大，而新企业在都市化较高的地区就业影响也较高。谢恩（Shane，2009）认为创业企业带动就业增加并不是依靠创业企业的数量，而是依靠高质量、高成长性的公司，政府应该给予具有高成长潜力的公司更多补贴。迪兰切夫（Dilanchiev，2014）发现创业活动在缓解高失业率方面发挥着至关重要的作用。多兰（Doran，2016）研究发现，欧洲地区的新公司成立能够创造新的就业机会，从而加快就业增长速度。还有一些学者发现新企业创办对就业具有确定的积极影响，并且影响程度会随着时间的变化而有所不同（Reynold，1994，1999；Acs and Armington，2004）。

我国对创业和就业关系的研究起步较晚，但总体来看，大部分研究都证明中国新建企业可以带动就业，与主要 OECD 国家的研究结论一致。赖德胜等（2009）总结了改革开放后三次创业高潮及其特征，得出创业活动在失业问题严重的时候往往趋于活跃，成为削减失业高峰的有效途径。汤灿晴等（2011）认为，创业活动可以通过间接创造就业机会来扩大劳动力需求，从而促进就业。董志强等（2012）以广东省为例对创业与失业的关系进行实证检验，表明滞后的创业水平对失业有显著的负向影响，符合企业家效应假说中创业降低失业的情形。李长安等（2012）通过建立广义线性模型对我国各地区创业和就业活动进行了实证分析，结果表明创业者的增长对就业人数具有正向影响，但各地区之间没有显著差异。卢亮等（2014）研究证明了创业对就业存在正向作用，并且在企业建立后的不同时期对就业的影响存在差异，创业初期和创业末期可以带动就业，而在创业中期，创业会摧毁就业岗位。张哲华（2015）采用空间计量分析方法对科技创业对就业的影响作用进行实证分析，研究发现科技创业水平的提高对就业水平发展有促进作用。张成刚等（2017）提出大量新创企业的建立将改变过去以现存企业作为吸纳就业主体的格局。侯永雄等（2017）实证研究表明创业可以促进就业增长但存在滞后性，机会型创业比生存型创业带动就业的效应更加显著，不同地区、不同时期创业带动就业效应存在差异。方建国等（2017）通过建立多元回归计量模型进行实证研究，发现创新创业可以拉动就业。朱金生等（2018）利用 VAR 模型研究我国各地区创新创业对就业的影响，提出创业和就业存在紧密的联系，新创企业的建立可以拉动就业增长，且从长期来讲更为显著。同时这种互动关系存在着明显的区域差异，东部地区相对明显，而中西部地区相对较弱。朱金生等（2021）从空间的视角讨论了科技创新与科技创业的协同对本地就业存在积极作用，同时带动了地理和经济距离邻近地区的就业。

（二）创业与就业增长关系不明确

随后的学者们对创业和就业的关系进行了更深入的研究，发现新企业的净工作创造可能并不为正，即新企业成功进入市场并实现增长时并不一定会直接创造新的就业。新企业可能对现存企业存在挤出效应，即新企业挤占现存企业市场份额或迫使现存企业完全退出市场，进而导致工作存量的降低。斯托雷（Storey，1994）发现 1989 年英国的工作存量仅有 5.5% 来自两年内创建的公司。瑟克（Thurik，2003）分析英国数据发现创业并没能减少失业、增加就业。纽马克（Neumark，2005）以美国加州数据说明新进入的小企业创造的职位相当于扩张中大企业创造职位的三倍，而退出市场的小企业损失职位是大企业的四倍，因此创业企业所创造的就业量不稳定，容易发生波动。韦尔霍伊尔（Verheul，2006）认为创业并未对西班牙失业率的下降做出特别大的贡献。有学者（Baptista and Thurik，2007）研究葡萄牙的失业率与创业率数据发现创业对就业增加影响甚微。弗里奇和穆勒（Fritsch and Mueller，2008）发现，在低生产率地区，新企业创办活动的总体就业影响可能为负。艾克和穆勒（Acs and Mueller，2008）考察美国数据后发现，并非所有的新创企业都能够影响就业，只有规模适中（雇员超过 20 人但少于 500 人）且位于多元化大都市圈的新创企业才能产生持续的就业效应。凯瑟琳（Kathrin，2009）研究证实，处于不同分位水平上的创业企业提供的就业数量存在显著性差异。

部分学者还发现新企业的存活率非常低，成功的新企业要达到现存企业的平均规模大多需要 10 年以上的时间，因此对就业存在一定的滞后影响。奥德斯（Audretsch，2002）对创业与就业之间的关系进行拟合模型并进行时滞性测试，结果显示创业对就业的影响作用不是即时的，且创业对就业带动作用最强的时间点是新创企业建立 8 年左右。瓦恩和斯托雷（Van and Storey，2002）在对英国区域新企业创建对就业影响的研究中，调查了时间滞后的相关性发现，区域就业增长率确实是由几年前市场新进入者产生的，但这种影响程度随时间推移呈现"U"型分布，在 5 年后就业增长率的影响达到峰值，10 年之后显著影响消失。弗里奇（Fritsch，2002）对德国的新创企业进行研究，得到创业与就业之间存在短时期时滞性的结论。弗里奇和穆勒（Fritsch and Mueller，2004）指出新企业创办的净就业影响在创办当年是非常小的，在创办之后的 6 年影响为负，随后呈现正的净就业影响，并在创办 8 年时达到峰值，从第 10 年起影响开始消失。瓦恩（Van，2004）研究发现英国新创企业的建立对区域就业的影响具有时滞性，区域就业水平的提升与前几期新创企业的建立有正相关关系。鲁伊（Rui，2005）利用葡萄牙创业就业数据得出与奥德斯相似的结论，即新创企业成立 8 年后创业对就业的带动作用最为显著。瑟克（Thurik，2008）探讨了创业企业和失业率之间的动态关系认为，一方面高失业率可能形成"难民效应"，另一方面自雇率的提高可能导致创业活动的增加，减少了以后各时期的失业，形成"熊彼得效应"。戈尔普和瓦恩（Golpe and Van，2008）发现，西班牙低收入地区仅有"难民效应"显著发挥作用，而在高收入地区两种效应共同发挥作用。穆勒（Mueller，2008）研究表明高创业率与高就业数量相关，而若干年后，由于竞争压力导致裁员或倒闭，使得创业率与就业增长负相关。所以，要提高竞争力来保持两者关系的正相关。巴普蒂斯塔（Baptista，2008）利用葡萄牙数据证明新企业创立后第八年才会促进就业增长，滞后效应的形状类似"U"型，而且知识型新创企业对未来长期的就业影响更显著。卡里（Carree，2008）基于国家级的数据得出类似结论，即创业的增加与就业量的增长相关，短期效应较小，中期为负面效应，长期为积极效应。

中国市场环境下，创业对就业的带动作用也发生在一个较长的时间段内，并且创业对就业的影响并非都是正向，挤出效应的存在减弱了创业对就业的带动作用。因为挤出效应的存在，创业对就业的中长期影响存在一定的不确定性。付宏（2010）对中国创业活动与就业增长关系进行了实证分析，认为中国的创业活动同就业增长一样存在"难民效应"，而"企业家效应"不明显，创业降低失业的效果并不明显。张成刚等（2015）利用阿尔蒙分布滞后模型进行中国省级面板数据的实证分析，发现创业对就业的影响具有滞后效应，即创业会对就业有短期正向的岗位创造效应、中期负向的市场挤出效应和长期正向的供给方效应。易旸（2016）采用动态阿尔蒙分布滞后模型分析创新型创业与就业之间的关系，发现创新型创业带动就业效应总体呈现"U"型滞后结构，即初期创新型创业带动就业正向增长，中期产生负向冲击效应，长期则有正向影响。赵瑞（2018）采用固定效应分布滞后模型和阿尔蒙多项式相结合的方法，分析我国创业活动对就业的影响趋势及大小，研究结果表明创业对就业的影响具有显著带动作用，整个影响趋势呈现"S"型分布。

目前国内学者对创业和就业关系的研究正处于起步阶段，大多还是理论研究，集中介绍和描述创业带动就业的作用机制，或以中国的创业浪潮为例描述国内创业和就业的关系；也有部分学者针对区域创业活动对就业的影响进行实证研究，试图分析新创企业的形成会对就业产生怎样的影响，这其中有多数学者仅分析了区域内当期的创业活动对就业的带动作用，部分研究表明失业刺激了创业活动，即"难民效应"；而部分研究表明较高水平的创业活动降低了失业率，增加了就业，即"熊彼得效应"。关于创业影响就业的关系主要集中在地区内，而对地区间的关注较少，忽视了区域间创业活动的影响，也很少有学者对创业和就业之间的动态关系进行实证研究。我国地大物博，幅员辽阔，各地的自然条件和物产资源都存在很大的差异，创业发展在不同区域表现出不平衡，从而对就业影响也存在一定差异。在此背景下，本书在研究区域内当期创业活动对就业带动作用的基础上，加入创业对就业影响的空间效应和动态效应两个视角进行分析，以丰富我国创业和就业关系的研究成果。

第三节　研究目标和研究内容

一、研究目标

目前，理论界对创业的定义存在一定分歧，本书重新梳理了创业的内涵，从理论上界定了创业的定义及本质，梳理了创业的类型和途径，阐述了创业与经济增长和就业直接的理论关系，并结合空间经济学的视角，分析它们的空间作用机制，搭建了一个比较完整的创业、经济增长和就业研究的理论框架。

现有研究较少系统地将创业与经济增长和就业两个方面统一起来分析，更少涉及空间层面的影响效应分析。本书在构建创业与经济增长和就业之间理论关系的基础上，基于空间经济学的相关理论，致力于发现创业与经济增长和就业之间存在空间相关性，并在此基础上构建空间计量模型展开实证分析，进一步通过溢出效应模型，将空间影响的效应进行分解，探究直接效应和间接效应的作用程度。考虑创业对经济增长收敛性的影响以及创业对就业的动态作用结果，较好地将空间经济学、统计学和计量经济学的研究方法融于一体。

聚焦经济问题的事实依据，形成具有指导意义的政策建议。在创业发展水平测度分析的基础上，提出促进各地区创业发展的政策建议；在创业影响经济增长和就业的空间效应基础上，形成创业驱动经济高质量发展的政策建议；在创业加速各地区经济增长差异收敛性和扩大就业的滞后性的实证研究基础上，提出缩小地区不均衡和实现就业增长的政策建议。

二、研究内容

全书共分九章。第一章绪论。首先阐述研究背景和研究意义，国内外创业以及与经济增长和就业相关的研究成果综述；其次介绍本书的研究内容、研究目标、研究方法和技术路线；最后指出本书拟解决的关键问题、创新点及不足之处。

第二章是创业相关理论基础。首先，对创业的基本概念进行阐述，从创业的含义和本质、创业的特征、创业的分类和创业的途径四个方面展开理论分析；其次，聚焦创业与经济增长和就业的相关理论，从理论上探讨其作用机制；最后，阐述创业的空间特征、与经济增长和就业的空间效应关系。

第三章是创业统计测度。首先，采用区域创业的测度指标对我国各地区的创业水平从机会型和生存型两个视角加以衡量；其次，针对我国地区经济发展不均衡的情况，从八大经济区的视角对各区域的创业发展水平进行测度并展开深入分析；最后，考虑到创业发展的不同活跃程度对创业发展的影响，采用面板聚类的分析方法从创业高度活跃地区、一般活跃地区和不活跃地区三个方面刻画创业发展变化的特征。

第四章是创业对经济增长的空间效应。首先，通过空间相关性分析发现创业与经济增长之间存在的空间影响效应；其次，尝试构建创业与经济增长的各种空间效应模型并比较估计效果，确定最佳模型；最后，结合溢出效应模型分析创业与经济增长之间存在的各种溢出效应的影响程度。

第五章是创业影响经济增长收敛性分析。首先，将研究期内我国经济增长划分为三个时间段，对三个时段的经济增长构建绝对收敛模型展开分析；其次，对比是否考虑创业因素的条件下不同时间段经济增长的条件收敛模型的回归结果；最后，以八大经济区分别为出发点，讨论了创业作为条件的经济增长收敛情况。

第六章是创业对就业的空间效应。首先，对我国私营企业就业和个体户就业水平进行了计算，体现其发展变化趋势和空间分布特征；其次，构建普通面板模型，分析创业影响就业变化的程度和效果；最后，构建机会型创业的空间杜宾模型，分析创业对就业的空间影响，并进一步通过溢出效应模型探究直接效应和间接效应的影响程度。

第七章是创业对就业的动态滞后效应。考虑到经济运行过程中广泛存在时间滞后效应，展开创业对就业的动态效应分析。在机会型创业和生存型创业的滞后性检验基础上，选择阿尔蒙分布滞后模型分析创业对就业的动态影响效果。

第八章是创新创业发展统计测度。在高质量发展下，将创新创业纳入统一框架下构建评价体系，对我国经济较发达九省份的创新和创业高质量发展进行测度，刻画其发展变化水平和特征。在此基础上深入分析创新创业高质量发展的各方面结构特征以及动态变化趋势。

第九章是结论、建议及展望。首先从七个方面总结了全书的主要研究结论；其次从八个方面提出了推动创新创业发展的政策建议；最后从三个方面提出未来研究的方向。

第四节　研究方法和思路

一、研究方法

首先是静态分析与动态分析相结合。静态分析法用于对某一时点各地区创业发展水平做出测度，动态分析法用于分析创业发展水平的动态变化规律。在对各地区创业发展进行统计测度时，既有对现状的分析，又有对发展过程的动态刻画，两者结合对创业发展水平有一个全面的掌握。其次是规范分析与实证分析相结合。利用规范分析方法探讨创业发展的特征，创业的内涵、本质和特征，创业对经济增长和就业作用机制等。运用实证分析方法，对创业进行统计测度，对创业发展活跃度进行聚类分析，对创业发展的经济增长和就业的空间效应进行多模型分析，对创业影响经济增长收敛性和就业的滞后性展开回归分析。最后是纵向比较与横向比较相结合。利用纵向比较法，分析 2005 年以来各地区创业发展情况及变动特征。利用横向比较法对不同活跃度地区、30 个省份的创业发展水平进行比较分析，对创业对经济增长和就业的空间直接效应、空间间接效应和空间溢出效应进行比较分析，对中国与其他发达国家（美国、德国、日本等）推进创新创业发展的政策进行比较分析。

本书主要采用的研究方法具体如下。

（1）统计指标法。从两个方面，采用不同指标测度各地区创业发展水平及八大经济区发展水平。对于经济增长、就业以及各控制变量也采用相关统计指标进行了衡量，这是本书进行实证分析的基础。

（2）面板聚类分析法。结合面板数据特征，本书采用面板聚类分析方法对各地区的创业发展水平进行了分类，进而讨论不同活跃度下创业发展变化的特征。相较于基本聚类分析无法兼顾时间变动的特征，面板聚类分析的结果更加合理和准确。

（3）空间计量模型法。空间计量模型将空间相关性和空间异质性纳入模型中来分析创业对经济增长和就业的影响关系。通过建立空间滞后模型、空间误差模型和空间杜宾模型，实证揭示各种效应的影响程度。

（4）动态模型分析法。采用阿尔曼分布滞后模型分析创业对就业的动态影响效应。针对创业影响就业具有滞后性，综合考虑采用阿尔曼分布滞后模型来具体刻画滞后影响的作用机制和程度。

二、研究思路

首先，查阅国内外具有代表性的最新相关研究成果，掌握与创业内涵、创业与经济增长和就业关系的研究成果，构建理论框架；收集、整理与本研究相关的统计数据、信息和资料。

其次，从理论上探讨创业的含义、本质、分类以及特征，解释创业的空间集聚特征；考虑创业的不同类型来确定其测度方法；探讨创业与经济增长和就业的理论关系，形成本书的理论研究基础。

再次，在理论研究的基础上，对我国各地区的创业水平从两个方面进行了测度，并对八大地区的创业发展和三种活跃度的创业发展特征进行了统计分析；对创业影响经济增长和就业的空间效应进行了实证分析；对创业影响经济增长的收敛性以及创业影响就业的动态滞后性进行了实证分析；对创新创业的高质量发展进行了综合评价分析。

最后，纵观全书，得出具有实际意义的研究结论；从创业的发展、创业影响经济增长和就业的空间特征、创业缓解地区经济增长不均衡发展、创业促进就业以及推动创新创业高质量发展几个方面提出相应的政策建议，为政府的决策提供事实依据，并对未来研究进行展望。

第五节　创新点和不足之处

一、创新点

（一）理论创新性

本书应用多学科知识和方法，从理论上界定了创业的内涵及本质特征，梳理了创业的特征、类型和途径；阐述了创业影响经济增长和就业的作用机制；揭示了创业存在的空间集聚特征；进一步探讨了创业与经济增长和就业之间存在的空间影响效应机制；将创业作为条件因素，构建影响经济增长收敛性的理论分析框架；从创业视角分析影响就业的动态滞后效应机制；从创新创业高质量投入、创新创业高质量产出和创新创业高质量环境三个方面构建创新创业高质量发展评价指标体系。具体的创新点如下。

（1）界定了创业的内涵和本质，明确了创业的特征、类型以及途径。面对创业的含义无法统一的现状，本书结合自身的研究视角对创业的内涵给出了界定。在此基础上从七个方面阐述了创业的本质，从五个方面刻画了创业的特征，从三个方面探讨了创业的分类，多角度、全方面地对创业的理论进行阐述是本书理论创新的一个特色。

（2）创业对经济增长和就业的空间效应影响机制。以往创业的经济增长效应和就业效应研究侧重于普通面板模型的时序分析，虽然体现了其作用效果，但是忽略了各地区的空间关联性。本书从空间相关的视角形成创业与经济增长和就业之间的空间效应影响的理论机制，丰富创业研究的理论成果。

（3）创新创业高质量发展评价指标体系构建。高质量发展是我国经济发展的新阶段，具有鲜明特色。衡量创新创业高质量发展水平不应该是单一指标或个别指标，而应该是一个相互关联、相互影响的综合评价指标体系。以高质量发展为视角，体现创新创业发展在新阶段的特点，依据科学性、系统性与代表性、可行性与可比性原则，从高质量投入、高质量产出和高质量环境三方面构建评价指标体系，全面衡量创新创业高质量发展程度，是本书的显著创新。

（二）实际应用性

根据本书的研究结论提出的推进创业发展、促进经济增长和就业、缩小地区经济差距以及推动经济高质量发展的政策建议具有一定的指导意义。

（1）本书研究了我国各地区的创业发展水平，考虑到不同类型创业的特点，分别采用不同的测度指标来衡量各地区创业水平，更加合理和准确。结合面板聚类分析方法，将各地区创业发展分为不活跃地区、一般活跃地区和高度活跃地区，可以分析不同活跃度下创业发展变化的特征。

（2）聚焦创业发展对经济增长和就业影响的空间相关性，构建包含控制变量的空间杜宾模型实证分析不同类型创业对经济增长和就业的空间效应的影响程度，进一步依托溢出效应模型将这种空间影响效应展开分解，探究总效应的构成中直接效应和间接效应的构成比例和贡献。

（3）考虑了创业条件下，各地区经济增长不均衡发展的收敛性，通过 β 收敛模型具体刻画经济增长的收敛过程，在创业作为影响因素的基础上，构建阿尔蒙分布滞后模型研究就业的动态变动效应，具体刻画创业与就业之间存在的长期影响变动关系。

二、不足之处

本书聚焦创业相关问题的研究，为了便于进行实证分析，将创业聚焦于区域层面的创业水平，并采取相关指标进行衡量，没能进一步通过调查获取微观的创业信息，这是本书的缺陷；此外，由于本书有较多的实证分析，使用的各种数据基本属于宏观和中观经济数据，来自历年全国的统计年鉴和各省份统计年鉴，涉及变量指标较多，很多指标变量的数据由于统计不够完善而缺失，导致本书的部分研究时间存在不统一的情况。如果统计数据时间跨度更长、样本容量更多，各模型的估计结果无疑将更优，实证结论也将更具代表性。

第二章
创业相关理论基础

本章将对本书的研究内容的相关理论进行介绍，从创业的基本概念入手，具体介绍创业含义及本质、创业的特征、创业的分类和创业的途径，构建创业分析的理论框架。在此基础上，对创业与经济增长的相关理论进行阐述，从内生经济增长理论角度展开具体的论述。同时，也对创业与就业的相关理论进行了论述，从创业与就业的关系以及创业对就业的作用机制等方面展开。最后，对创业的空间特征进行理论分析；从创业集聚理论出发，对创业影响经济增长的空间特征以及创业影响就业的空间特征展开深入的分析。

第一节　创业的基本概念

一、创业的含义及本质

"创业"（entrepreneurship）一词是由"创业者"（entrepreneur）一词延伸而来，学术界广泛认为"创业"一词在学术领域的出现始于法国经济学家理查德·坎蒂隆（Richard Cantillion）于1755年的著作《商业性质概率》中首次提出的"创业者"的概念，即"在担当风险的情况下开启或运行一定业务来获取经济利益的人"。"entrepreneurship"在英语中还被广泛应用的另一种解释是"企业家精神"或"企业家能力"，即企业家在所处的社会、经济体制下，从事工商业经营管理的过程中，在激烈的市场竞争中和优胜劣汰的无情压力下形成的心理状态。此时的创业，不仅是创业者打造新企业的过程，更是一种创业者管理企业的能力，这种定义上的相互联系也被广大企业家所接受。可以说，"创业"行为本身是由创业者完成的，因此"创业"与"创业者"这两个概念是密不可分的。

（一）创业的含义

目前，"创业"在学术界没有一个公认的确切定义，其原因主要有二：一是创业研究起步较晚，在 20 世纪 80 年代才初步创立，学术界的相关研究仍然缺乏；二是因为不同学者在研究创业时的角度、方向和领域的不同，造成了对"创业"的界定也不同。创业作为一种普遍存在的社会现象和人类活动，管理学家、社会学家、经济学家都可以从自己的研究角度出发定义创业，比较有代表性的"创业"定义有如下几种。

现代管理学之父彼得·德鲁克（Peter Drucker）在《创新与创业精神》一书中写道："创业是一种行为，而不是个人性格特征。只有那些能够创造出一些新的、与众不同的事情并能创造价值的活动才是创业，它与管理是一体两面。"德鲁克认为，管理和创业密不可分，创业中包含管理的思想精髓，管理中包含创业的诸多方法和事例。将创业和管理学紧密联系的视角，不再只局限于创业领域，也通过管理学的研究来把握创业定义，为创业发展提供了很好的资源平台。

杰费里·蒂蒙斯（Jeffry Timmons）对"创业"的定义：创业是一种思考、推理结合运气的行为方式，它为运气带来的机会所驱动，需要在方法上全盘考虑并拥有卓越的领导能力。蒂蒙斯强调了运气对于推动创业的作用，将运气以一种因素的形式展现在定义中，是对传统意义上创业只是一种单纯思维推理活动的补充，凸显了影响创业形成的因素的复杂性、多样性，也为创业的系统性研究开创了新的道路，使创业研究领域更加宽广。

史蒂文森（Stevenson，1985）指出，创业是个体突破当前资源条件的限制后对机会的追求，以及将不同的资源组合起来，去利用和开放机会并创造价值的过程。海斯里奇（Hisrich，1998）指出，创业是一个需要承担资金、心理与社会风险，通过付出必要的时间和精力去创造价值从而获得金钱回报和提升个人满意度的过程。维斯泊（Vesper，1986）认为，创业就是创建新企业。谢恩（Shane，2000）认为创业是一项把存在的获利机会和有进取心的个体联系起来的活动。

国内对创业的广泛研究始于 20 世纪 80 年代以后，尤其是在 1992 年，邓小平的南方谈话极大地解放了人们的思想，创业一词也随着建设中国特色社会主义和发展中国特色社会主义市场经济的浪潮而得到广泛传播，逐渐引起学术界的重视。学者们都试图通过自己对创业问题的分析，从多个方面来破解创业难题，这也是当前我国经济发展的迫切要求。复旦大学郁义鸿、国务院发展研究中心李志能指出，创业是一个发现和捕获机会并由此创造出新颖的产品、服务或实现其潜在价值的过程。杨玉华（2006）认为，创业是一个复杂的创造性事业，不仅需要创业的精神、创业的素质和创业的经验，而且需要奉献、长期坚守和不断创新。

（二）创业的本质

从本质上来说，创业可以归结为以下七种创造活动，一是财富的创造，以盈利为目的加速生产和风险承担；二是企业的创造，产生一个以前不存在的新企业；三是创新的创造，把已有生产方式或废弃的产品进行独特资源组合的创新或者创造出新产品；四是变革的创造，包含把握环境中的各种机会而进行的创造性变革，包括对个人职业生涯、工作方法、自身技能等的调整、修改等；五是雇佣的创造，包含对生产要素（劳动力）的雇佣、管理和发展等；六是价值的创造，开发没有开启的市场机会，为顾客创造价值；七是增长的创造，给销售、收入、资产和雇佣的增长带来正向的、强烈的导向。

基于对创业的含义及本质的阐述，本书所采用的创业具体是指创业活动。为了便于对创业进行量化以及与经济增长和就业两方面的影响关系进行实证分析，讨论它们之间存在的空间效应，本书中的创业活动是指各地区的创业活动，可以进一步理解为区域创业。

二、创业的特征

（一）创业是一种生存活动

创业是在传统工资性就业岗位不能满足人们就业的需要、知识经济的发展不断对人们的素质提出新的要求、失业问题日益严重的情况下提出的。在此背景下开展创业活动，不仅让人获得创业感性认识，还让人了解和学会创业必备的知识能力，学会生存。

（二）创业是个体发展的活动

适者生存，生存是为了发展。创业强调人的首创、冒险和积极进取的精神，就是要人们主动适应社会和环境。通过开展创业实践活动，培养创业者的创业意识、创业知识、创业能力和创业素质，也就是培养创业者主动适应社会的素质，使其智慧和个性得到合理的发展，进而促进社会的发展。

（三）创业是一种创新活动

创业作为一种新的生存理念和生存模式，从根本上讲是一种对创新能力的培养，它是在挖掘人类高本质的基础上，把创造力的开发作为根本功能的一种全新的生存理念和行为。因此，从事创业就是从事创新活动。创新是创业的手段和基础，而创业是创新的载体。创业者只有通过创新，才能使所开拓的事业生存、发展并保持持久的生命力。

（四）创业是提升素质的活动

通过创业活动，培养创业者的创业心理品质和创新开拓意识，发展创业者的创造思维能力、专业能力、实践能力，促进创业者综合素质的提升。因此，创业活动是高层次、高质量的素质培训活动，是素质教育的最高体现。

（五）创业是终身性的学习过程

随着社会科学技术的进步和经济环境的急剧变化，一次性创业也将不能终身受用，各行业都存在二次创业或工作岗位转型的可能。创业必须由阶段性走向终身性，要把创业发展成为创业者综合素质不断提高的终身学习过程。

三、创业的分类

（一）从制度激励的视角

有学者从制度对创业活动提供激励的角度提出了生产性和非生产性创业理论（Baumol，1990）。生产性创业与创新活动相关，企业家致力于通过开展创新活动创造更多的社会财富，促进生产率提高和经济增长；非生产性创业与寻租活动相关，企业家仅作为寻租者，重新分配社会财富，降低生产性活动报酬，并损害经济增长。因此，经济发展不是取决于社会创业活动的多少，而是取决于社会制度对企业家创业的引导与发挥。制度是创业活动的决定因素，如果没有强有力的制度，企业家就会操控政治和法律程序来转移现存财富。公正且有效的制度可以约束政府通过规制来转移财富的能力，减少非生产性的创业，推动企业家寻求生产性创业来创造社会财富并实现个人目标。制度所决定的报酬结构引导创业在生产性和非生产性活动之间分配（Minniti，2008）。制度质量高时，产权受到完全保护，寻租部门的报酬将比生产部门的报酬低，因而不存在寻租者，创业集中于生产性创业活动；如果制度质量低，寻租者获得的报酬比生产者还多，寻租越便利，寻租活动也越多，非生产性创业更活跃（邹薇，2007）。

（二）从创业动机的视角

始于1999年、目前已包括56个国家的"全球创业观察"（Global Entrepreneurship Monitoring，GEM）[①]项目于2001年从创业动机的角度，正式提出生存型创业和机会型创业这两种分类，并在随后历年的《全球创业观察报告》中沿用这种分类。生存型创业的创业主体一般是在无法满足就业需求的情况下被动创业，即创业的目的是解决个人就业问题，而机会型创业的创业主体一般是为了利用创业机会主动进行创业，这种创业包括模仿型创业和创新型创业。从创业者特征来看，生存型创业的创业者年龄相对较大，女性比例较高，文化水平相对较低，而机会型创业的创业者更愿意承受风险，具有较强的创业机会洞察能力（张薇，2011）。机会型创业对社会资本与人力资本的要求更高，而生存型创业的创业门槛较低，创业企业规模较小，对产生技术及产品创新的要求也相对更低（刘鹏程，2013）[②]。此外，相比较而言，机会型创业具有更好的发展潜力，能够带来更多的产品创新与市场创新，有助于带动就业与刺激经济增长。一般而言，机会型创业比例高的国家，创业质量也相对更高（郑馨，2017）[③]。

（三）从创业机会的视角

阿诺欣（Anokhin，2011）从发现机会的视角将创业分为创新型创业与套

---

① 全球创业观察项目由英国伦敦商学院和美国百森商学院共同发起。该项目的设计始于1997年，第一次实施是1999年，有美国、加拿大、德国、意大利、英国、日本、法国、以色列、丹麦和芬兰10个国家参加。2000年GEM的参与国家和地区发展为20个，许多发展中国家也参与进来，如巴西、阿根廷、墨西哥和南非。GEM项目真正成为反映全球创业活动态势变化和特征的研究项目是在2002年。2002年，有37个国家和地区参加了GEM项目。由于中国的加入，参加GEM的国家和地区人口总数已经占全世界人口总数的62%，GDP占世界总量的92%。GEM项目已经成为一个名副其实的全球创业研究项目，其世界研究报告及各地区研究报告受到了广泛关注，也产生了明显的国际和国内影响。

② 刘鹏程，李磊，王小洁. 企业家精神的性别差异——基于创业动机视角的研究［J］. 管理世界，2013（8）：126–135.

③ 郑馨，周先波. 社会规范是如何激活创业活动的？——来自中国"全民创业"十年的微观证据［J］. 经济学（季刊），2018（1）：189–220.

利型创业。创新型创业是指企业家以新颖的方式组合资源，从而创造新的产品、服务、生产方式或组织方式，创造创新机会。套利型创业通过市场低效率来创造套利机会，可以进一步分为市场套利型创业和技术套利型创业。市场套利型创业一般指通过发现产品和服务在空间上的供求不均衡机会而进行的创业；技术套利型创业是指创业者利用已有企业的成功经验，通过模仿技术创新，追求暂时的成本优势，当这种模仿创新机会在市场达到饱和状态时，会进一步促进新一轮的创新型创业出现。由此可以看出，机会套利型创业活动有助于新技术的传播。相比较而言，对于套利型创业的套利机会的追踪较难，数据不易获取，因此在研究中容易被学者们的忽视。

四、创业的途径

创业的途径主要包括五个方面。一是自我积累型创业，许多创业者出身贫寒，并没有太多资金投入，而是凭借自身的一股韧劲和吃苦耐劳的精神，经过曲折的道路才获得创业的成功。二是投资新建型创业，依靠自有资金或以资产抵押贷款投入的创业，也是广为采用的创业途径。这种创业的关键是要规避或减少投资风险。为此，必须努力做到：选好项目，即选择需求量大、有市场前景的项目；进行好市场调研；进行好项目可行性论证；做好投资效益分析和投资核算；量力而行。三是技术投入型创业，依靠科技人员、大学教师等自身拥有的发明、专利产品等，建厂创业。由于创业者多是科学技术人员，缺少经营管理经验，因此，选配职业经理人进行经营管理就显得非常必要。四是合伙型创业，由几个志同道合的人共同出资创业，或者是志趣相投的出资人和有管理经验的人共同创业，还可以是有资金的人与有技术、有发明的人合伙创业。这种创业一方面要做好市场调查和项目可行性论证，另一方面要处理好合伙人之间的各种关系。

第二节　创业与经济增长的相关理论

经济学家对于创业与经济增长关系的研究由来已久。最早可追溯到法国经济学家赛伊（Say，1819）。赛伊从静态均衡的角度分析了创业在资源配置中的作用，强调创业者能够将稀缺资源从非生产领域转移到生产领域，并认为实现这种转移是决定一个国家经济绩效的关键。经济学家熊彼得（Schumpeter，

1921，1934，1942）认为，创业是经济过程本身的主要推动力，经济体系发展的根源在于创业活动，创业活动在创新、新兴产业成长、区域经济发展等方面做出了突出贡献，对一国（地区）生产率增长至关重要。他还发现企业家创业是导致长期经济周期变化的驱动力，并从动态非均衡的角度研究了创业，认为创业会破坏经济均衡状态，而在非均衡状态中通过创新推动经济增长。熊彼得实际上将创新创业的微观机制和宏观层面的经济增长联系起来，对创业与经济增长的研究具有重大启发。然而，正是熊彼得提出的"创造性破坏"理论，使得 20 世纪相当长的时期内，创业被完全排除在西方主流经济学之外。因为主流微观经济理论是在去除时间维度的假设下研究静态均衡，而熊彼得提出的理论恰恰是对静态均衡的打破，这种在均衡和非均衡之间的不断冲击不符合新古典静态微观模型的假定，所以创业活动几乎完全被微观经济理论排除在外。

自 20 世纪 80 年代以来，在全球新技术、新产业大发展的背景下，西方国家逐渐放松了对经济的干预和管制，包括美国在内的许多国家创业活动逐步增多，自主创业率上升，步入一个创业和创新的"峰聚期"，成为创业活动大力推动经济发展的最好例证。根据经济学家杂志 Economist 2005 年的数据显示，如今美国境内每年新创立的企业多达 70 万家，不仅造就了硅谷、旧金山等具有竞争力的新兴产业集群，也促进了美国持续增长的新经济奇迹和一轮又一轮的技术创新浪潮。欧盟委员会于 2003 年 1 月发表了《欧洲创业绿皮书》，旨在为提高欧洲社会对创业的认知水平、扶持初创企业和新兴企业的高速持续稳定增长、平衡创业未知风险与增强获益能力提供一个有利的政策环境，从而掀起欧洲社会的创业浪潮。OECD 的监测显示，20 世纪 90 年代，新办企业比例与 GDP 增长之间呈正相关，高水平的创业能促进生产率和产出的提高，而持续的经济增长也可能促进创业的高涨，创业在经济运行与经济发展中的作用越来越重要，创业成为促进经济增长的主要推动力。霍尔库姆（Holcombe，1998）曾宣称"创业是经济增长的发动机"。实践中创业活动的重要性迫切需要在相关理论上加以研究。

一、创业与经济增长的理论关系

科斯纳（Kirzner，1973）提出了创业者通过"套利"活动促使市场实现零经济利润的长期均衡理论，开始将创业纳入均衡分析框架中。创业促进经济增长的途径包括以下两个：一是创业有助于促进知识溢出，从而提高生产技术、增加新的企业资源、促进企业组织新一轮创新等，最终促进全社会的经济增长；二是创业可以加剧市场竞争和促进产业结构升级，改变社会生产要素组合，引起社会产业结构发生变化，进而促进产业绩效发生改变，最终促进社会经济的增长。

（一）知识溢出

内生经济增长理论认为，企业是经济增长的重要推动力，通过不断的知识累积，最终形成人力资本，实现技术进步，技术进步推动了经济的长期增长，而新技术由追求利润最大化的企业通过投入知识资本有目的地生产出来，新技术一旦出现，可以增加知识存量，从而增加未来生产新技术的要素投入。在该增长模型中，新技术的生产是内生的，因此可以持续带动经济增长。

新知识在提高本机构生产技术水平的同时，也会提升整个行业的绩效水平，即企业对新增的知识不具有独占性。创业作为促进知识溢出的一种有效机制，可以通过将知识运用于生产管理活动中，进而实现其商业价值。在此背景下，艾克（Acs，2009）提出"知识溢出创业理论"，系统论述了知识溢出、创业与经济增长的内在作用机理，为内生增长模型构建了微观基础。根据该理论，知识溢出是知识创造的内向性作用的结果，使企业家能够发现并利用机会，进而创造市场价值。由于新知识所具有的高风险和隐性等特征，企业和高校等科研机构进行研发所产生的新知识并不会完全被在位企业占有并商业化，新知识从大企业中的溢出形成了创业的内生机会。哈金斯（Huggins，2015）将网络理论引入知识溢出、创业与经济增长这一体系中，提出随着经济全球化进程的加快，企业创新知识的来源不再局限于本地或邻近地区，网络资本作为一种无形资本，有利于加速知识流动，提高地区的创新创业能力，即网络资本对知识过滤的渗透性至关重要，同时也为研究区域经济均衡发展提供了新视角。

我国的学者石书德和高建（2009）认为促进知识溢出和创业这两个环节有助于推动经济增长，其中知识流动包括两个方面，一种是在组织内部的流动（如企业部门内部之间），另一种是组间外部的流动，即知识的生产单位与开发单位不一致，且知识流动促使产生的新知识流向企业和其他机构，实现知识资本化（包括新企业的产生和已有企业的创新），使得知识的生产者和开发者均获得经济价值，进而促进经济增长。另外，随着地区基础设施的不断完善，区域间的联系也更加频繁，且受地理因素的制约逐渐缩小，这在很大程度上可以促进知识溢出，推动创业活动形成。

（二）产业结构升级

创业活动让越来越多的企业加入市场当中，使得竞争加剧、产品市场多样化形成，有助于打造"优胜劣汰"的良性市场环境，促进产业结构调整与升级，直接推进经济实现整体发展。熊彼得（1934）认为，新企业进入并取代过时的、低效率的公司就是一个"创造性破坏"过程，该过程是实现经济增长的重要微观机制。新企业进入对经济产生的促进作用可通过增加市场竞争强度和提高多样性两个途径实现。新企业进入会引发市场选择产生替代效应，具有高生产率的新企业会存活下来，低效率的企业会被迫退出市场，从而实现更高的市场交易效率和绩效。阿吉翁（Aghion，1992）通过引入新产品研究投资，将熊彼得的创造性结构纳入经济增长模型，说明增长是科技进步的结果。创造性结构模型中因为存在垄断利润会消失的预期，从而垄断者不鼓励当前技术投资；同时垄断利润的驱使又会吸引创业者进行科研投入。以科研投入为起点的创业行为实现了对经济运行体系的创造性解构。阿加瓦尔（Agarwal，2008）认为创业者通过"创造性破坏"的活动打破原有的均衡状态，促进经济增长。奥地利学派的经济学家进一步发展完善了熊彼得的观点，将创业作为经济发展的最重要驱动力。诺瑟里特（Noseleit，2013）强调新企业的进入对产业结构调整有重要作用，他认为影响经济增长的不只是创业活动的水平高低，还有跨部门组织要素再分配从而促进产业结构调整的创业能力，而后者对经济增长的促进作用更大。也有学者指出那些引起产业结构变迁的创业特别有利于经济增长（Fritch，2009；Praag，2011）。

我国学者石书德等（2009）认为，创业企业的出现不仅使得企业数量增加，加剧了市场竞争，同时新创办的企业为了避开与大企业竞争，一般会考虑选择一些新兴行业，更加关注某种特定的产品领域，通过进入利基市场进而创造经济价值。同样，方世建等（2009）认为当新的知识被产品化，投放于市场中时，虽然会在一定程度上减少创新者的绝对收益，但同时会给创新能力较低的企业带来一定压力，况且即便是行业领先企业，也必须不断提升技术创新水平，以免被市场淘汰，即市场竞争加剧有助于新一轮创新的产生；另外，当经济发展到创新驱动阶段，企业规模对经济增长的作用会相对减小，更多地依赖于创业企业通过挖掘创业机会，对企业活动进行灵活的调整，有助于推动企业结构动态化和产品市场多样化，不断加强经济发展的广度和深度。储珩等（2014）认为创业促进经济增长的本质原因在于其可以推动人力资本和技术、创业资本等要素，实现有效整合，使得市场竞争加剧，促进产业结构的调整与重构，从而推动经济的增长。

（三）信息披露

经济系统中总是存在未被充分利用的信息，因此信息在现代经济生活中的作用至关重要。创业的成败能够通过为潜在创业者提供新的市场信息而降低经济活动中的信息不对称程度来提高经济活动效率，从而促进经济增长。韦乐（Weiler，2000）建立了一个博弈模型探讨新创企业的信息披露问题，他证实先驱企业进入和退出市场所披露的信息会显著影响潜在进入企业的决策。邦腾（Bunten，2015）率先提出有用的市场信息是决定经济增长的因素之一。勒纳（Lerner，2010）认为创业的结果有明显外部性，能够被潜在创业者察觉，这样与该创业项目相关的市场容量、竞争程度、盈利前景、消费者偏好等信息都被披露出来。潜在创业者可以充分利用这些信息，模仿并发展成功的创业项目，避免失败的创业活动，从而能够在整体上改善新创企业的经营绩效，促进经济增长。邦腾（Bunten，2015）进一步通过实证检验发现创业项目的成功率、失败率和地理位置等信息对于创业活动有正向影响，显著提高了新企业创建率。

二、创业对经济增长作用机制

GEM 提出了推动国家经济增长机制的理论模型（见图 2 - 1），该模型可以较好地解释创业与经济增长之间的关系。这个模型中的两套机制既相互独立又相互补充。

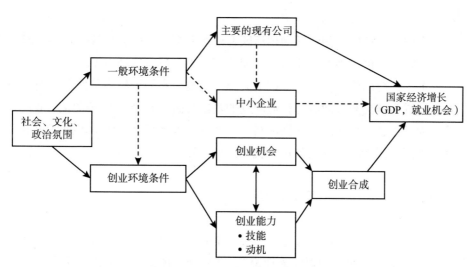

图 2 - 1　创业促进经济增长的机制

图 2-1 的上半部分描述的是第一套机制，反映了作为一国国际贸易代表的大企业和成熟企业的地位和作用。该模型假设一般国家的条件如果得到适当改善，大企业的国际竞争力就会得到加强。那么，随着这些企业的成熟和扩张，他们将为母国经济创造更多的产品和服务需求；需求增加就会为更多的中小企业提供市场机会。当国际贸易环境非常稳定、市场和生产技术变化很小时，成熟企业对经济增长的推动作用就特别明显。

图 2-1 的下半部分揭示的是第二套推动经济增长的机制，强调创业活动的地位和作用。一些被称为"创业条件"的环境因素是与创新企业产生和扩张直接相关的社会或文化环境。具体可以分为两部分：一是创业机会的出现；二是追逐机会的创业者的能力（如动机和技能）。当市场环境处于动荡变革状态时，企业若想成功，就要具备更高程度的创新性、创造性和对市场变化的反应速度，创业活动对经济增长的推动作用就更为显著。

GEM 模型的最大价值在于该模型着眼于这两套经济增长促进机制的互补关系。大企业和成熟企业通过技术扩散、分立新企业、增加对产品和服务的需求为新企业的诞生提供很多机会；创业企业通过降低成本、加快技术发展速度，在全球范围内为大企业提供更强的竞争优势。

第三节 创业与就业的相关理论

一个国家或地区，创业活动越活跃，市场上新企业的数量就会越多，新企业的产生将会提供更多的就业岗位，随着劳动力市场对劳动力需求的进一步增多，促进了社会的就业，拉动了该地区经济增长。在知识经济条件下，创业型就业已经成为解决经济问题与就业问题的基本思路，它既是经济政策又是就业政策，为持续解决就业问题找到出路。可通过创业来扩大就业，进而创造更多的社会财富，实现经济发展与扩大就业的良性互动。

一、创业与就业关系的理论

关于创业与就业的研究起源于奈特（Knight，1921）《风险、不确定性与利润》一书中提出的"相对收入理论"，即社会个体以相对收入为标准做出失业、自我雇佣和接受雇佣的选择。基于奈特的观点，奥克森福德（Oxenfeldt，1943）进一步阐述了失业和创业的关系，提出了"失业推动创业论"，即当社会个体面临失业困境时，会做出创业的选择。失业推动创业论认为，自雇型创业可以从两个方面促进就业，一方面，创业者可以通过创业来实现自我雇佣，从而直接促进了就业；另一方面，创业活动可以通过间接地创造就业机会来扩大劳动力需求，从而促进就业。因此，由失业驱动的创业活动反过来促进了就业，或者说抑制了失业。这一观点的理论可以简单地表示为：失业增加→创业增加→就业增加→失业下降。

失业推动创业论是基于新古典经济学标准的理性选择模型。这种理论为考察创业与失业或就业之间的关系提供了一定的依据，成为许多学者研究自雇型创业行为的理论基石（Parker，2004；Grilo and Thurik，2005；Grilo and Irigoyen，2006）。可以认为，创业行为具有逆周期性特征，即在经济萧条而失业高企时，自雇型创业会增加；而在经济繁荣而失业下降时，自雇型创业就会相应减少。但也有学者对失业推动创业论提出质疑：一是由失业推动的创业似乎并没有显著带动后续就业；二是许多创业行为呈现顺周期特征。有研究表明，简单的失业推动创业论可能太过笼统，难以全面解释实际中创业和就业增长的复杂关系。因此，有学者（Audretsch、Fiess）提出了另外两种理论假说——"难民效应假说"和"企业家效应假说"来解释创业和就业的关系。

（一）难民效应假说

近年的许多研究发现创业行为具有顺周期特征，即经济衰退或萧条时期（失业率高）创业活动水平反而较低，而经济繁荣时期（失业率低）创业活动反而更加频繁。与失业推动创业论相悖的是，当失业率高而创业成本下降的时候，人们反而没有创业积极性。对此有学者做出了解释：在失业率高涨而经济不景气的衰退或萧条时期，尽管创业的机会成本有所下降，但创业者自身的创业能力、创业财富和所面临的创业风险可能会极大地限制他们开展创业活动。

学者们（Audretsch，1995，2002；Johansson，2000；Hurst and Lusardi，2004；Fiess，2010）从三方面给出了原因。一是高失业率时期也是经济不景气时期，这一时期创业机会通常会减少，创业成功的概率下降，而风险却会变大，至少创业者可能会缺乏信心。因为在萧条时期整个社会的投资信心都会受到影响，更何况创业投资。二是高失业率时期往往伴随着个人财富水平的下降，同时流动性下降导致信贷约束加剧，从而降低个人自雇型创业的可能性。三是失业者是市场竞争力较弱的劳动力，大多只有较少的财富禀赋，也不具备创办和经营企业所需的人力资本和企业家才能。这三个方面表明失业率较高的衰退或萧条时期并不是良好的创业时期，人们不会积极创业，更不用说失业者了。如果说失业推动了创业，那么合理的推论应该是：失业者因生活所迫不得不进行自雇型创业，他们常常是劳动力市场上的弱势群体，并不具备企业家才能。他们进行自雇型创业仅是为了自我谋生或养家糊口。这些被迫进行自雇型创业的人如同从劳动力市场上被排挤出来的"难民"，很难指望他们通过自雇型创业来真正缓解社会失业压力或对就业产生显著的促进作用。这就是"难民效应假说"。

（二）企业家效应假说

"难民效应假说"只能解释创业行为顺周期性一半的内容，即在经济萧条、失业高企时期创业活动水平并不提升的原因，但无法解释在经济繁荣、失业减少时期创业活动水平不降反升的现象。这种看似矛盾的现象表明，创业行为可能不仅是失业推动的结果，创业者也并非都是劳动力市场上的"难民"。

越来越多的学者意识到，创业通常也是由经济活力和以往的创业活动拉动的。在经济高涨时期，投资信心和资本都比较充足，梦想成为企业家的人更容易通过获得信贷资金或风险投资来突破财富约束并实施创业；经济景气有利于产生乐观的预期，创业活动因此会增加。在经济高涨时期，创业通常是个人的主动选择，而不像"难民效应假说"所描绘的那样，是迫不得已之举。因此，主动选择创业的创业者往往具有企业家才能和商业头脑，他们的创业行为也比"难民"自雇型创业更能为经济带来活力。这就是创业的企业家效应假说。

如果创业主要由企业家效应驱动，那么可以预计创业很可能会显著促进就业。首先，新开办的企业要雇用员工，因而会直接减少失业（Lin，1998；Pfeiffer and Reize，2000）。其次，企业家创业通常会选择比"难民"创业更具商业前景和市场回报的项目，这样的创业无疑有利于促进整个经济，并且间接对就业产生正面影响。

值得注意的是，"难民效应假说"或"企业家效应假说"常见于经济学研究文献，与此对应的另一种表述为生存型创业和机会型创业，前文在创业分类中有所阐述。生存型创业是为了谋生糊口而开展的创业活动，而机会型创业则是为了开发利用被发现的市场机会或者创造市场机会而开展的创业活动。可见，生存型创业和机会型创业与"难民效应假说"和"企业家效应假说"具有一定对应关系。

二、创业对就业的动态作用机理

由上述创业和就业关系的文献梳理可以发现创业对就业具有促进作用，且创业对就业的带动作用具有时滞性。结合学者的有关研究，创业对就业的动态变化作用大致有三种，即创业初期的岗位创造效应、创业中期的市场挤出效应及创业后期的供给方效应。

（一）岗位创造效应

岗位创造效应是指在新创企业成立初期形成大规模劳动需求，从而造成就业岗位数量大幅提升。新创企业可以建立新的顾客群体，也可以建立新的市场。在新创企业产生初期，岗位创造效应表现明显，在创业对就业的直接效应中呈主导作用，在该效应的作用下就业人数增加。

熊彼特（1934）认为，新创企业进入市场是一个创造性破坏的过程，在此过程中依赖的是创新。创新主要包括新产品、新工艺、采用新的生产原料、新服务、进入新市场以及制度创新。随着中国大众创业万众创新政策的持续发展，创新创业两者深度融合，创业活动展现出新的活力，与经济社会发展联系愈发紧密，对就业岗位创造的影响更为显著。

（二）市场挤出效应

市场挤出效应是指新创企业进入竞争市场，影响原有企业的市场份额，甚至导致部分企业退出市场，从而造成市场对部分就业岗位的挤出。市场挤出效应在新创企业产生初期具有初步表现，但由于新创企业创办伊始规模较小，市场挤出效应相对岗位创造效应表现不明显，会对就业增长起到一定的抵消作用。

在创业企业形成中期，市场挤出效应表现在两个方面。一方面，与市场现存企业相比，新创企业失败的可能性更大，新创企业存活率非常低。许多新企业在开办一段时间后都被迫离开市场，因而它们对就业岗位供给的贡献是暂时的（张成刚等，2017）。另一方面，当新创企业未被淘汰且在当地市场具有一定的规模时，就可以占据一定的市场份额，在竞争市场中必然会对部分企业形成竞争威胁，致使竞争力较弱的企业出现衰退迹象甚至退出市场。市场挤出效应在创业中期呈现主导作用，会对就业增长起到抑制作用。

与 OECD 国家相比，中国区域劳动力市场新建企业的挤出效应存在时间更长，供给方效应出现时间更晚（张成刚等，2015）①。这可能是因为，一是新创企业多分布于传统行业，创新性不强，导致市场竞争激烈，市场挤出效应的存续时间长；二是虽然中国的机会型创业比例近年来有所提升，且超过了生存型创业比例，但相比于 OECD 国家，创业质量仍有提升的空间。

（三）供给方效应

无论是新企业直接创造岗位还是挤出现存企业的岗位，都是新企业创建对就业的直接效应。但已有研究发现新企业的创建可能产生间接效应——供给方效应（也称溢出效应）。供给方效应来源于新企业创建后对整个市场产生影响，这样的影响表现在三个方面。一是提高市场整体效率。随着新创企业进入当地市场，增强了竞争，原有企业为更好地适应严峻的市场环境，通过提高劳动生产效率、企业组织机制改革等方式提高市场竞争力。实际的新进入者和潜在的新进入者都能促使原有企业的经营更具效率。新企业对现存公司构成了真正的或想象中的竞争威胁，增加了区域性竞争，促使现存公司改进自身效率，创造新的工作岗位。二是促进市场结构优化。新创企业进入市场会提供新的产品或新的服务，会带来一定的生产方式或市场经营模式或其他类型的创新，形成产业结构优化。同时新创企业的进入，伴随着原有企业的退出，形成了当地市场中企业的更新换代，促进市场的结构优化。熊彼特提出的"创造性毁灭"概念和马歇尔的比喻"森林里老树木为了让位给新树木而必须倒下"就是这种情况。此外，新企业进入可以带来高人员流动率，加速了新技术采用和产业的组织创新，从而提高了整个市场的生产力。三是促进创新和新兴市场的形成。新创企业进入市场带来新技术和新发明，可以将知识商业化，将新技术转化为生产，促进新兴产业的形成。供给方效应的产生是长时期的作用过程，在创业后期呈现主导作用。奥德斯和瑟克（Audretsch and Thurik，2001）认为，随着规模经济重要性的减弱和世界经济不确定程度的增加，新企业在技术发展中的角色得到加强，进而为创新的引进创造更大的空间。

综上所述，新创企业数量的增加与就业总量的增加存在较复杂的影响关系。费里奇和穆勒（Fritsch and Mueller，2004）概括了新企业创建可能对就业变动带来的影响，创业带动就业的关系机制如图 2-2 所示。

---

① 张成刚，廖毅，曾湘泉. 创业带动就业：新建企业的就业效应分析 [J]. 中国人口科学，2015 (1)：38-47.

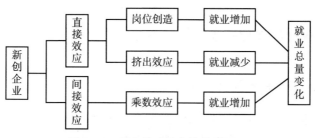

图 2-2　创业带动就业的关系机制

第四节　创业的空间特征

一、新经济地理学

20 世纪 80 年代以来，西方社会科学进入一个相互交叉与互动的新时期，各学科在理论互动中对区域与空间产生了浓厚兴趣。特别是 20 世纪 90 年代以来，经济地理学与经济学研究领域的交织更加明显，以克鲁格曼（Krugman）等为代表的主流派经济学家重新审视了空间因素，把以空间经济现象作为研究对象的区域经济学、城市经济学等传统经济学科统一起来，构建了"新经济地理学"。在思想上，新经济地理学应用新增长理论，强调报酬递增和内生化比较优势，采用了经济学领域一贯使用的数学模型方法，试图在理解经济活动的空间现象和空间过程中寻求其动力学机制，与传统的经济地理学相比较，二者有着共同关注的问题。主流经济学常常对空间置之不理，主要是因为经济学家们无法把空间因素模型化，所以新经济地理学在研究方法上有明显的创新。

在现实中，如果忽视空间因素在经济活动中的作用，很多经济问题的研究就难以得到理想的答案。因此，新经济地理学的发展为经济学家研究区位提供了一种新方法。新经济地理学将主流经济学中长期忽视的空间因素纳入一般均衡的分析框架，研究了经济活动的空间分布规律，解释现实中存在的不同规模、不同形式的空间集中机制，并通过这种机制的分析探讨区域经济增长的规律与途径。从创业研究文献来看，越来越多的研究成果聚焦在创业的空间集聚特征上，以受到地域特点影响并反过来影响地域经济为出发点，分析创业与经济增长之间存在的空间影响关系。

二、创业空间集聚理论

(一)对资源依赖的程度

处于创业阶段的企业通常需要经过一个关键性的孵化过程,度过企业初创时的危险期。因此,在一些相对容易调动资源的地方就会不断出现新的企业而产生"孵化器"的功能。由于大城市的核心地位有利于孵化密集的基础设施,能够提供大量商用租赁场地以及多种多样的服务等有利条件,因此会更多地出现在这些产业密集区域。因此,产业集聚的核心地区新企业才最有可能发展起来。

有学者认为企业在城市调动资源会相对容易,创业者在市中心受到的高成本制约要小于郊区,市中心的集聚使得获得生产地、物流、劳动力和其他服务的成本更低(Hoover,1959;Leone,1976)。有学者对美国制鞋业的地理集中状况以及由此导致的企业家行为的社会结构特征进行分析后发现,创业的形成需要有与之相关的知识、社会关系和自我意识,这些都与区域的分布密切相关(Sorenson,2000)。企业家需要获得足够的资源才能抓住机遇进行创业,因此,新企业更多出现在资源和机遇较多的区域。托比(Toby,2003)发现,在合资设立的新型高科技工业公司中,相似的商业企业聚集在同样的物质空间,高科技创业出于对资源的需求而无法远离这些资源,能够体现出空间依赖性特征。奥德斯(Audretsch,2004)从企业家创业所需的社会资本集聚出发,认为在一个结构不稳定的脆弱环境里,私下的人际关系网和私人关系在帮助企业家调配资源方面起到了关键的作用,这种以个人信用形式出现的社会资本成为企业家的资源,而新成立的公司往往出现在这些社会资源充分的地方。

(二)对知识外溢的需求

内生经济增长理论中知识外溢是决定技术进步的关键因素,而创业差异和经济行为的空间结构能够潜在地成为造成知识外溢效率差异的根源,并最终成为经济增长差异的源泉。罗默(Romer,1994)分析了产业集群的机理、知识的外溢效应带来的集聚效应以及导致的经济分布不均衡问题,认为创业在城市和农村之间存在明显的差异。萨克森尼(Saxenian,1994)通过分析中国和印度高科技产业的区域分布状况发现,集体性的学习和专业人员之间的集体调整极大地推动了区域内的创业行为。奥德斯(Audretsch,2002)认为创业在很大程度上是一种区域性现象，在不同国家之间对经济绩效做出贡献的创业行为存在巨大的区域差异。汗（Khan，2011）通过分析纺织行业的集聚与企业家创新之间的关系发现，集聚不仅能够带来新技术的快速扩散，而且能够抵御使用新技术的风险，提高企业家的信心，减少政策风险。因此，产业集聚促进了创业发展。

（三）市场集中的需求

企业家不是独立的个体，而是存在于一定的生产系统中。生产系统是有组织的地域空间中存在着实际和潜在互动及机遇的体系。生产系统包含了许多密集发展起来的向后、向前、向左和向右的商业联系，同时还有各种社会关系。通过这些关系可以源源不断地获得关于商业机遇、可用资源和劳动力市场条件之类的重要信息。因此，这个系统也是社会资本的一个单元，现在的企业家或将来的企业家都可以从中获取资源。有部分学者指出，知识和市场的地理区域分布对创业的地理分布有非常重要的影响（Krizner，2000；Kenney，2001；Harper，2003；Anderson，2005）。

三、创业影响经济增长的空间特征

自 1990 年以来，随着贸易自由化、放松管制和技术进步的推动，经济活动的空间集聚特征与经济增长相伴而生。部分经济学家将内生经济增长理论与空间经济学模型结合起来，解释了集聚和长期经济增长之间的内在关系。经济集聚会降低经济活动较为集中地区的创新成本，因而会加快这些地区的创新能力，促进更快的经济增长（Martin，1999，2001；Baldvin，2001）。也有学者发现创新创业以及不同类型的集聚对技术变迁存在的正相关性，从而证明了集聚对于企业家创新能力和区域经济增长具有正向影响（Romer，1990；John，1995）。奥尔特（Oort，2006）认为创新创业会受到地域影响，解释了公司形成和成长的空间模式，这种内在影响机制某种程度上与经济集聚之间存在着相互促进、相辅相成的关系。艾克（Acs，2005）分析创业和地理因素对知识外溢的影响及积聚效应和企业家活动对技术变迁的冲击，发现集聚效应对技术变迁的影响显著且是正相关，创业对技术变迁的影响也是正相关，但在边际上较显著，当考虑交互项时回归结果只有很小的增长幅度。奥德斯（Audretsch，2001a）通过对 OECD 国家产业结构的分析认为，新建企业虽然可以加速创新技术的扩散，但也会抑制其他企业的创新行为；新建企业存在一个最优比率，在这个比率下，经济增长达到最优增长率。弗兰克（Frank，2006）研究了ICT产业集聚的状况，发现集聚对新企业的冲击要大于已有企业，集聚和发散对新旧企业均有正向影响，但是竞争只对新的企业组织有正向影响。费里奇和穆勒（Fritsch and Mueller，2008）认为在创业和工业创造关系的研究中，区域是更好的分析单位，因为他们解释了区域内各地区之间经济的相互影响。李允尧（2010）认为中国创业活跃程度存在明显的区域差距：中国创业活动活跃的地区是经济增长最快的地区；创业活动欠活跃的地区是中部经济增长欠快的地区；创业活动不活跃的地区是西部经济欠发达地区。吴明来等（2013）研究发现，第三产业中兴起的文化产业的创业活动能促进不同城市间产业结构的优化升级。

第三章
创业统计测度

已经有较多的学者从不同的角度对创业进行衡量。因为不同地区之间的创业类型存在显著差异，所以对创业的衡量带来的影响也不尽相同。因此，本章从两类创业动机视角对我国各地区创业水平进行统计测度，并结合八大经济带和面板聚类分析方法，对不同地区和不同程度的区域创业发展现状和变化特征进行深入分析。

第一节　各地区创业统计测度

一、研究方法

目前比较流行的测度区域创业指标的方法有自我雇佣比例法、TEA 指数法和 CPEA 指数（即私营企业创业指数）法。前两种方法主要是通过测定处于早期创业阶段的初生创业者指数与新企业创业者指数来评价国家或地区的创业活跃度，难以动态揭示不同国家或地区在整体创业水平上的差异。考虑到数据的可获取性和连续性，本书采用私营企业创业指数（CPEA）和个体户创业指数（IE）分别衡量机会型创业水平和生存型创业水平，从创业动机的两个视角衡量各地区创业活动水平，揭示各地区创业发展现状。

（一）私营企业创业指数

全球创业观察中国研究小组根据中国个人创业的实际（即私人企业）而设计，并以此作为衡量中国区域创业活动的指标——私营企业创业指数，即某地区每万成年人中过去 3 年新增的私营企业数量，计算公式如下：

私营企业创业指数 = 区域过去 3 年新增的私营企业数量/成年人数（万人）①

$$(3-1)$$

（二）个体户创业指数

个人创业的另一个重要结果就是创办个人经济实体。私营企业创业者大多数由个体工商户转变而来，因而可以用个体户创业指数作为衡量区域创业活动的补充指标。个体户创业指数是指某区域每万成年人中拥有的在过去连续 3 年里累计新增的个体户数量，计算公式如式 3 - 2 所示。

个体户创业指数 = 区域 3 年内新增个体户数量/区域成年人数（万人）

$$(3-2)$$

私营企业创业指数和个体户创业指数两个指标结合了劳动力市场法和全员创业活动指数两个指标的优点。选用劳动力人口数作为标准化基数，将过去连续 3 年累计新增的私营企业数和个体户数量分别视为该地区当年拥有的新增创业企业数量和新增个体户数量，数据容易获得，计算也比较简单。

二、创业统计测度

本书数据涉及 2005 ~ 2018 年我国 30 个省份的人口和各经济变量，其中西藏地区由于存在较多变量的数据缺失，因而未包括在内。所使用的数据来源于《中国统计年鉴》《中国城市统计年鉴》《中国科技年鉴》以及各省份统计年鉴等相关资料。按照前文方法计算 30 个地区的私营企业创业指数 CPEA 和个体户创业指数 EI，衡量各地区创业发展水平。

（一）私营企业创业指数

从表 3 - 1 可以看出，我国各省份的私营企业创业指数整体呈上升趋势，从近三年平均值排名看，上海、北京和广东的 CPEA 指数位列前三，分别为307.2、299.5 和 218.0，远高于其他地区。海南、湖南和黑龙江三省的 CPEA 指数排名最后，分别为 57.1、55.3 和 40.0。

---

① 高建，等. 全球创业观察中国报告（2007）［M］. 北京：清华大学出版社，2008.

表 3－1 2005～2018 年 30 个省份私营企业创业指数

地区	2005 年	2006 年	2007 年	2008 年	2009 年	2010 年	2011 年	2012 年	2013 年	2014 年	2015 年	2016 年	2017 年	2018 年
北京	90.2	95.0	86.4	92.3	92.2	81.5	95.8	98.4	102.0	173.1	255.2	320.3	319.1	259.0
天津	37.5	32.5	28.6	40.6	42.4	37.5	42.5	42.5	41.4	59.3	96.8	149.4	169.1	163.5
河北	10.2	13.6	15.4	16.0	16.8	10.8	17.0	17.2	25.0	45.1	69.1	97.4	110.2	124.3
山西	15.7	17.9	20.9	22.1	19.9	14.0	20.0	23.0	22.1	29.6	42.4	59.5	67.6	82.4
内蒙古	8.0	10.4	11.0	18.0	21.3	20.3	25.5	26.7	27.0	35.6	52.9	60.6	65.3	60.1
辽宁	21.0	22.5	22.3	22.3	22.7	22.0	28.2	30.5	23.8	35.7	49.1	61.2	71.9	76.9
吉林	12.8	14.7	12.0	17.4	18.8	18.4	20.2	21.9	24.2	34.5	46.0	49.6	61.9	67.7
黑龙江	8.2	8.7	13.4	19.0	20.3	15.2	15.4	18.9	15.6	19.4	18.3	33.0	38.9	48.0
上海	177.3	152.2	78.9	75.6	82.2	90.1	95.7	109.7	120.0	176.6	259.9	295.3	321.4	305.0
江苏	40.3	45.0	44.7	53.2	53.8	47.4	63.1	67.0	67.9	63.4	86.4	133.6	173.7	180.6
浙江	31.1	27.7	30.8	40.7	41.0	34.7	46.5	48.0	68.2	90.9	122.9	138.6	161.6	184.5
安徽	10.8	13.0	13.0	15.7	13.4	14.1	20.7	26.6	29.2	43.2	61.6	85.8	109.0	128.5
福建	23.9	22.0	19.8	29.3	31.8	28.3	35.6	41.4	47.6	69.6	105.9	146.5	165.2	170.6
江西	11.2	12.1	12.6	13.7	16.5	15.9	25.3	28.1	28.7	42.3	55.9	67.7	67.6	75.1
山东	20.4	18.9	13.4	14.9	15.1	16.6	24.6	26.6	31.0	55.8	95.9	139.9	158.3	165.1
河南	10.2	10.9	10.4	13.5	15.1	13.0	18.5	20.0	14.9	29.7	47.2	76.7	87.8	103.5
湖北	14.4	15.0	13.0	17.3	18.3	16.9	23.6	26.5	44.9	63.8	82.9	81.1	80.5	89.0
湖南	10.4	9.5	9.9	11.0	12.8	10.6	17.4	19.0	25.0	34.4	40.7	46.2	53.4	66.3

续表

地区	2005年	2006年	2007年	2008年	2009年	2010年	2011年	2012年	2013年	2014年	2015年	2016年	2017年	2018年
广东	29.1	33.3	33.3	39.6	35.8	31.2	46.7	54.3	71.6	103.7	147.4	197.5	222.0	234.4
广西	7.7	7.9	8.0	11.3	14.1	14.6	28.6	36.9	44.5	51.3	64.1	69.2	74.7	71.0
海南	21.9	19.6	36.3	44.1	46.9	37.5	49.9	53.9	81.3	66.2	87.0	37.8	52.4	81.1
重庆	16.6	12.9	16.2	25.0	30.8	18.7	48.9	71.4	95.1	101.8	117.2	126.2	115.9	102.5
四川	17.2	17.0	15.6	18.2	19.9	16.8	20.5	21.0	24.8	41.5	56.8	71.3	77.1	83.5
贵州	7.4	8.4	7.5	8.8	8.9	6.6	13.4	30.4	48.6	69.0	80.3	85.0	94.3	95.0
云南	10.5	10.4	10.2	15.6	18.5	15.4	18.5	19.5	21.7	33.3	55.6	75.2	73.1	54.1
陕西	6.9	8.6	6.8	5.7	23.0	22.0	35.2	23.5	29.8	45.7	76.5	82.6	92.0	103.6
甘肃	9.0	8.3	7.6	11.6	14.7	12.9	15.1	13.2	19.2	35.0	58.8	69.9	75.2	74.7
青海	7.8	6.2	3.3	4.1	4.8	6.5	10.5	21.1	26.3	41.2	62.7	87.3	88.0	70.6
宁夏	19.2	15.7	14.7	27.4	29.0	22.2	23.6	24.7	38.3	59.4	98.8	113.2	128.1	114.8
新疆	16.9	18.4	17.2	25.0	19.7	15.3	10.3	13.9	19.2	31.3	43.3	56.1	69.5	56.7

资料来源：依据各年度统计年鉴相关数据计算得到。

具体来说，2005 年上海、北京和江苏的 CPEA 指数较大，分别为 177.3、90.2 和 40.3，此时广东的 CPEA 指数也还处于较低的水平，仅为 29.1。此后，各地区机会型创业水平都有显著提高，其中，上海、北京和广东的最大值分别为 2016 年的 320.3、2017 年的 321.4、2018 年的 234.4。广东在 2012 年之后的 CPEA 指数增加显著，赶超浙江位列第三。期初黑龙江、内蒙古、青海和甘肃等地的 CPEA 处于较低水平，仅为个位数，经过十几年的发展，创业水平有一定提升，但仍然没有摆脱落后的情况。私营企业创业指数排名表明，机会型创业发达的省市一般具有以下特征：经济基础较为雄厚，基础设施较完善；优越的地方政府政策、活跃的经济金融环境及高端人才的大量集聚等因素促使创业活动蓬勃发展。而对于私营企业创业指数水平一直很低的地区，虽创业规模虽然在逐渐扩大，整体呈稳健上升趋势，但排名一直靠后（如黑龙江）。这主要是因为该省科技创新水平低、人才资源匮乏、企业融资困难，与发达省市差距很大。

（二）个体户创业指数

个体户创业指数的计算结果表明（见表 3-2）各地区生存型创业水平波动较大，部分地区和年份甚至出现负值。从 2018 年个体户创业指数的排名看，福建、河北和陕西的 IE 指数排名前三，分别为 317.8、272.9 和 260.7。

北京市自 2011~2018 年 EI 指数一直为负。由《北京市市场主体发展情况分析（2012 年年报）》可以发现，造成这一现象的原因有二，一是由于现代化城市建设需要，大规模的整顿拆迁导致个体工商户歇业或注销；二是地方政府鼓励私营企业发展，部分个体户"升级换代"，实现个体向企业的转型。上海私营企业创业指数全国排名第一，但个体户创业指数基本在 10%~30% 的水平，这与上海作为全国金融中心，大部分是私企和外企有关。

黑龙江和内蒙古两地区在 2005 年的个体户指数明显低于其他省份。从张景鸣等（2011）对黑龙江省个体户经济发展调查研究结果可知其原因在于三方面，一是个体户创业者文化素质低，创业活动以批发与零售等低附加值产业为主，发展后劲不足；二是政府扶持力度不够，无法为个体户创业者提供良好的创业环境；三是个体户创业的社会认可度不高，经营环境日益窘迫，导致盈利能力逐渐下降。从近些年的 IE 指数发展变化来看，这两个地区的个体户创业水平均有不同程度的上升。

表3-2

2005~2018年30个省份个体户创业指数

地区	2005年	2006年	2007年	2008年	2009年	2010年	2011年	2012年	2013年	2014年	2015年	2016年	2017年	2018年
北京	279.4	242.4	191.9	91.4	41.7	10.3	-6.4	-68.6	-76.1	-62.6	-18.6	-33.4	-67.1	-100.8
天津	-12.3	-11.0	17.7	22.4	32.3	27.0	41.8	46.1	41.7	57.6	76.5	104.0	151.6	170.0
河北	-27.6	24.4	36.5	44.8	25.7	16.6	26.0	40.8	60.1	95.9	158.9	240.6	256.8	272.9
山西	33.5	18.1	75.5	103.0	122.9	59.6	71.0	61.4	57.0	71.3	113.5	143.0	135.9	135.5
内蒙古	-169.7	-31.5	35.0	60.7	103.6	99.1	136.0	139.6	176.9	190.8	172.0	123.7	94.6	84.7
辽宁	-88.9	-38.6	2.4	7.9	52.7	58.9	90.7	61.9	50.1	56.7	97.9	150.5	150.9	140.6
吉林	19.2	39.7	43.4	52.6	76.7	85.6	144.1	149.3	179.3	181.8	176.4	156.9	167.7	177.2
黑龙江	-105.0	-70.7	21.5	36.3	64.6	65.4	86.4	88.8	106.7	142.1	22.6	46.1	26.4	153.7
上海	18.4	14.5	13.3	14.7	29.8	26.7	27.9	15.0	6.3	15.4	22.9	31.6	31.3	36.2
江苏	32.8	82.1	67.0	90.6	127.9	123.9	169.3	152.5	132.7	68.7	58.4	102.2	239.1	250.3
浙江	55.0	56.1	32.4	44.4	48.3	57.8	92.7	118.0	107.9	125.3	161.2	221.3	247.0	249.4
安徽	-71.4	0.1	13.5	7.4	11.3	36.3	68.7	62.3	78.3	100.7	120.3	153.5	196.6	248.0
福建	12.3	11.0	18.0	34.4	58.8	65.2	92.3	106.6	120.7	170.0	235.8	272.6	289.2	317.8
江西	26.5	42.0	43.3	20.2	38.4	73.6	130.3	133.9	94.0	121.5	123.4	88.8	48.8	40.9
山东	32.9	25.0	20.7	24.7	54.5	61.6	102.6	89.6	100.8	192.7	243.9	266.3	236.7	254.6
河南	28.7	13.7	21.3	23.3	39.5	39.7	82.1	95.3	36.0	74.6	60.9	163.6	166.9	241.7
湖北	2.1	3.2	27.6	47.8	75.1	58.6	109.3	142.5	283.1	348.7	273.4	84.6	33.9	109.7
湖南	26.0	8.3	14.2	28.1	53.2	55.3	90.4	96.7	94.3	108.1	71.7	88.6	107.7	204.1

续表

地区	2005年	2006年	2007年	2008年	2009年	2010年	2011年	2012年	2013年	2014年	2015年	2016年	2017年	2018年
广东	79.7	87.4	121.1	105.1	109.4	51.7	57.1	44.1	79.2	121.1	157.7	171.0	183.5	184.2
广西	-0.7	15.2	31.0	36.2	40.4	15.5	1.4	-1.7	25.7	71.5	98.2	89.8	93.9	126.2
海南	-9.6	-14.5	29.4	94.3	145.7	112.8	125.1	103.7	106.6	144.4	145.0	151.0	143.8	171.0
重庆	-1.5	13.2	64.7	98.3	106.9	44.6	99.8	142.1	189.2	169.7	143.3	152.6	171.7	169.8
四川	42.8	41.2	64.3	56.6	61.6	44.6	85.1	84.2	98.6	64.7	83.2	68.2	153.0	188.8
贵州	19.7	28.4	30.1	46.6	43.1	40.2	88.2	125.1	171.4	217.0	247.1	246.9	230.3	195.1
云南	7.7	18.4	49.1	39.9	61.6	62.8	113.6	120.4	108.3	132.3	131.7	139.7	108.8	113.7
陕西	-88.5	-5.5	6.6	26.5	-4.7	-3.4	5.6	59.4	106.2	160.1	174.2	157.0	125.8	260.7
甘肃	1.1	-1.1	12.1	56.0	76.4	63.5	106.3	95.6	128.4	129.2	164.5	148.1	105.2	68.3
青海	79.2	-3.9	-75.4	-91.7	-4.6	35.3	45.1	43.7	77.4	148.7	185.8	204.5	194.5	204.8
宁夏	49.5	64.2	84.0	113.4	148.7	100.9	107.7	84.8	96.6	139.3	177.0	200.2	200.1	213.2
新疆	32.1	16.3	7.6	8.6	27.2	40.8	44.5	36.5	62.2	93.9	165.0	192.6	227.1	233.8

资料来源：依据各年度统计年鉴相关数据计算得到。

三、创业地区分布特征动态变化

为进一步分析各地区机会型创业与生存型创业在研究初期和末期的地理区域分布差异，本书分别针对各省份 2005 年与 2018 年私营企业创业指数和个体户创业指数进行比较分析。可以发现，2005 年我国私营企业创业水平高的地区基本分布在经济发展水平较高的沿海地区，呈现比较明显的集聚特征；创业水平中等地区在地理位置分布上较为零散，未表现出明显的集聚特征；大部分省份的创业水平较低，说明此时我国私营企业创业的整体水平偏低且普及范围较小，两极化现象较为严重。到 2018 年，我国各地区私营企业创业均有显著提升。从地理分布看，创业活动程度整体呈现由东向西递减的趋势，且创业水平相近的省份在地理位置分布上较为集中，从一个侧面表明各地区间的创业差异与空间地理距离有密切关系。

2005 年和 2018 年我国个体户创业活动在区域间呈不均衡分布。具体来说，北京作为我国政治和经济中心，2005 年个体户创业水平领先于其他地区，每万人中个体户创业高达 279.36 户，成为当时唯一一个创业高度活跃的城市；大部分省份的个体户创业在地理上分布集中，尤其是东部沿海地区，借助优越的地理位置和经济发展水平，个体户创业水平也相对较高。内蒙古、黑龙江、辽宁、陕西和安徽省的个体户创业水平相对较低，与其他省份的差距较大，处于生存型创业水平的末端。

到 2018 年，除个别省份外，我国大部分地区的个体户创业均得到显著改善，其中江苏和福建表现尤为突出，成为我国个体户创业的领头羊，步入生存型创业发展第一梯队。华东地区及新疆、青海的个体户创业水平次之，分布较为集中，在我国的西南、华南及东北地区。北京、上海、江西、甘肃、内蒙古和湖北六个省份的个体户创业水平较低。

第二节 八大经济区创业统计测度

本节结合经济发展的不同水平，考虑我国八大经济区内创业发展的变化特点。

一、八大经济区划分

目前关于我国区域划分的方法存在众多弊端，不便于深入分析地区差异，国务院发展研究中心发展战略和区域经济研究部的课题报告《中国（大陆）区域社会经济发展特征分析》提出了一种划分新方法，即东部沿海、南部沿海、北部沿海、黄河中游、长江中游、东北、西南和大西北地区。

东部沿海地区。包括上海、江苏、浙江一市两省。这一地区现代化起步早，历史上对外经济联系密切，在改革开放的许多领域先行一步，人力资源丰富，发展优势明显。

南部沿海地区。包括福建、广东、海南三省。这一地区临近港、澳、台，社会资源丰富，对外开放程度高。

北部沿海地区。包括北京、天津、河北、山东两市两省。这一地区地理位置优越，交通便捷，科技教育文化事业发达，在对外开放中成绩显著。

黄河中游地区。包括陕西、山西、河南、内蒙古三省一区。这一地区自然资源尤其是煤炭和天然气资源丰富，地处内陆，战略地位重要，对外开放不足，结构调整任务艰巨。

长江中游地区。包括湖北、湖南、江西、安徽四省。这一地区农业生产条件优良，人口稠密，对外开放程度低，产业转型压力大。

东北地区。包括辽宁、吉林、黑龙江三省。这一地区自然条件和资源禀赋结构相近，历史上联系比较紧密，目前面临的共同问题多，如资源枯竭问题、产业结构升级换代问题等。

西南地区。包括云南、贵州、四川、重庆、广西三省一市一区。这一地区地理位置偏远，土地贫瘠，贫困人口多，对南亚开放有着较好的条件。

西北地区。包括甘肃、青海、宁夏、西藏、新疆两省三区。这一地区自然条件恶劣，地广人稀，市场狭小，向西开放有着一定的条件。

各地区在地域范围、人口规模和富裕程度上存在较大差别。大西北地区地域最为宽阔，西南地区人口最为众多，东部沿海地区最为富庶。综合来说，东部沿海地区经济实力、产业能力最强，市场前景最大。

二、八大经济区创业水平

为更深入地对比分析，依据国务院发展研究中心的方法，将30个省份划分为八大综合经济区并对各经济区的创业水平展开分组测度及分析。

(一) 八大经济区私营企业创业指数

2005~2018年八大经济区的私营企业创业水平测算结果如表3-3所示。东部沿海地区的私营企业创业指数在起初为82.92，远高于同期其他地区，甚至比部分地区期末的创业水平还高（如东北地区为64.23，西南地区为81.25），但之后不断下降并在2010年达到最小值后转为持续增加，2018年达到223.35。北部沿海地区与南部沿海地区的走势类似，在2012年之前创业水平基本相当，之后显著增加，分别达到177.98和162.04的水平。另外五个地区的创业发展比较相似，起初均在10左右的水平，然后逐步发展到期末80以上的水平（除东北地区）。

表3-3　　　　2005~2018年我国八大经济区私营企业创业指数

年份	东部沿海	南部沿海	北部沿海	黄河中游	长江中游	东北地区	西南地区	西北地区
2005	82.92	24.96	39.56	10.20	11.68	13.98	11.88	12.34
2006	74.98	24.99	39.98	11.95	12.37	15.30	11.31	11.34
2007	51.47	29.80	35.93	12.28	12.14	15.90	11.50	10.51
2008	56.52	37.67	40.97	14.83	14.41	19.58	15.77	15.66
2009	58.98	38.18	41.65	19.80	15.26	20.59	18.42	16.31
2010	57.36	32.35	36.59	17.32	14.35	18.50	14.41	13.42
2011	68.43	44.08	44.98	24.82	21.75	21.26	25.95	15.75
2012	74.90	49.88	46.17	23.29	25.02	23.78	35.84	17.91
2013	85.39	66.84	49.84	23.43	31.96	21.19	46.93	25.68
2014	110.33	79.82	83.33	35.14	45.93	29.86	59.41	41.45
2015	156.39	113.41	129.28	54.75	60.28	37.79	74.80	64.85
2016	189.17	127.25	176.76	69.86	70.21	47.91	85.39	83.91
2017	218.87	146.55	189.18	78.19	77.63	57.60	87.02	95.64
2018	223.35	162.04	177.98	87.40	89.75	64.23	81.25	89.68

资料来源：依据各年度统计年鉴相关数据计算得到。

1. 东部沿海

东部沿海各省市创业水平在研究期内的变化情况如图 3-1 所示。具体来说，上海的创业水平明显高于浙江、江苏两个地区，但波动较大，2005~2007 年有较大幅度的下降，差值有 100 左右，2007 年起，开始逐渐上升与其他三个地区拉开较大差距，2016 年差值达到 150 左右。2005~2013 年浙江的创业水平均略低于江苏。2013~2014 年江苏的创业水平波动变化呈微小的下降趋势，浙江则从 2013 年超过江苏，到 2016 年两个地区的创业水平几乎趋于一致。受上海创业水平下降的影响，2017 年开始，东部沿海的创业水平趋于稳定发展的态势。

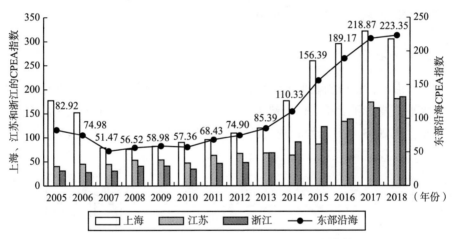

图 3-1　2005~2018 年东部沿海 CPEA 指数走势

资料来源：依据表 3-1 和表 3-3 的数据，笔者自制。

2. 南部沿海

南部沿海各省份创业水平的走势图如图 3-2 所示。福建和广东的创业水平均呈现上升趋势，且变化方向大体一致。广东相比福建，创业水平处于较高的位置。海南从 2013 年有波动下降的趋势，与其他两省的差距随着时间推移在逐年扩大；2016 年呈现最大差距。受广东创业水平在 2010 年之后稳步上升的影响，南部沿海的创业水平也出现比较稳定的增长。

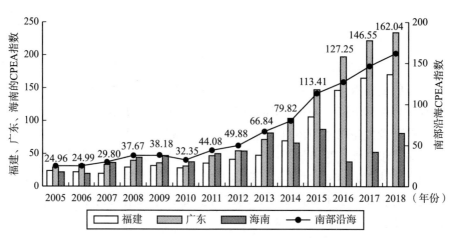

图 3 - 2   2005～2018 年南部沿海 CPEA 指数走势

资料来源：依据表 3 - 1 和表 3 - 3 的数据，笔者自制。

3. 北部沿海

北部沿海各省份创业水平的变化情况如图 3 - 3 所示。对比这四个地区的创业水平，波动程度和变化走势大体一致，2005～2013 年四个地区的变化幅度较小，从 2013 年开始均有较大的增幅。北京的创业水平走在前列，且明显

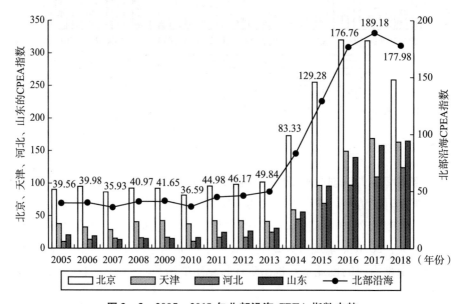

图 3 - 3   2005～2018 年北部沿海 CPEA 指数走势

资料来源：依据表 3 - 1 和表 3 - 3 的数据，笔者自制。

高于天津、河北、山东这三个地区。2016 年北京创业水平与其他三个省市的差距达到最大。正是北京创业水平的快速发展带动了整个北部沿海创业的大幅提升，尤其是在 2013 年之后，增幅非常显著。

4. 黄河中游

黄河中游各省份创业水平的变化情况如图 3 - 4 所示。陕西、山西、内蒙古、河南这四个地区呈现波动上升的趋势，但是幅度有限。增长最快的是陕西，其次是河南，但期末的创业水平仍然不足 100。黄河中游的创业水平在 2013 年之后呈现快速增长的趋势。

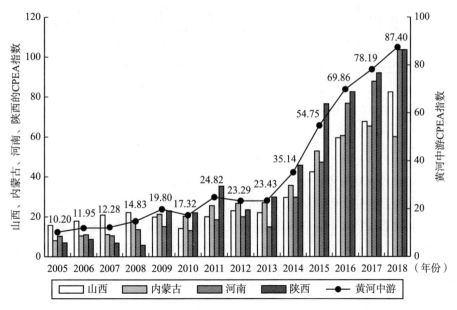

图 3 - 4　2005 ~ 2018 年黄河中游 CPEA 指数走势

资料来源：依据表 3 - 1 和表 3 - 3 的数据，笔者自制。

5. 长江中游

长江中游各省份创业水平历年变化状况如图 3 - 5 所示。湖北、湖南、江西、安徽四个地区在 2005 ~ 2010 年上升较为缓慢，区域之间创业水平的差距不明显。但从 2011 年开始，四个地区逐步拉开差距且逐年扩大。安徽和湖北创业水平的快速发展带动了整个长江中游创业水平的提升。湖北 2015 年之后创业水平呈现微小下降的变化趋势，创业水平略低于安徽。湖南的创业水平与其他三个地区相比要落后很多,在 2012 年逐步拉开差距。

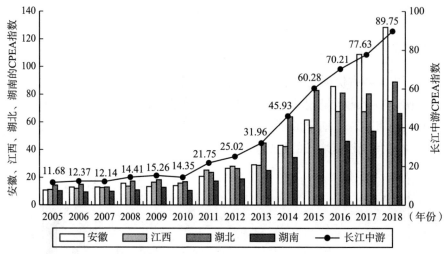

图 3 – 5   2005 ~ 2018 年长江中游 CPEA 指数走势

资料来源:依据表 3 – 1 和表 3 – 3 的数据,笔者自制。

6. 东北地区

东北地区各省份创业水平的变化趋势如图 3 – 6 所示。相比于其他两个省份,辽宁的创业处于较高的水平,最大增幅出现在 2013 年之后;吉林的创业水平基本处于辽宁之下,在 2013 年与辽宁基本持平。黑龙江的创业水平相比于其他两省份处于较低水平,在整个研究期内增幅相对较小,并且差距也越来越大。整个东北地区的创业水平在八大经济区中处于落后的位置。

7. 西南地区

西南地区各省份创业水平历年的变化走势如图 3 – 7 所示。2010 年之前 5 个地区的创业水平基本没有太大差距,之后随着重庆创业水平的快速发展,逐步领跑其他四个地区,成为带动西南地区创业发展的主要地区。贵州的创业水平在期初一直落后于广西,但 2012 年之后则快速上升并超过广西,云南创业水平在 2016 年之后呈现下降趋势。西南地区创业水平从 10 左右增加到 80 以上。

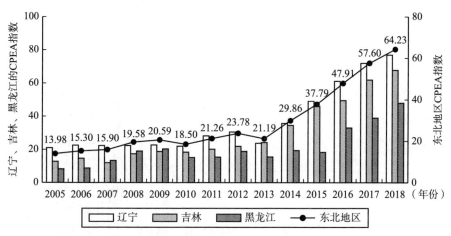

图 3 - 6　2005～2018 年东北地区 CPEA 指数走势

资料来源：依据表 3 - 1 和表 3 - 3 的数据，笔者自制。

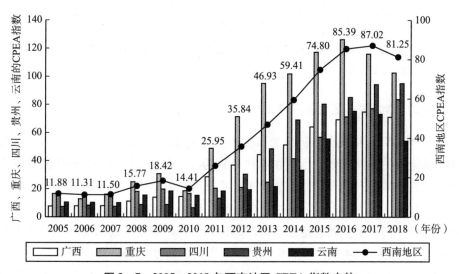

图 3 - 7　2005～2018 年西南地区 CPEA 指数走势

资料来源：依据表 3 - 1 和表 3 - 3 的数据，笔者自制。

8. 西北地区

西北地区各省份创业水平在样本期间的差异情况如图 3 - 8 所示。四个地区均呈现波动上升的趋势。宁夏相比其他三个省份创业水平较高，并在 2012～2016 年有较大范围的涨幅。青海与甘肃差别不大。2016 年新疆和宁夏的最大差值达到 58 左右。

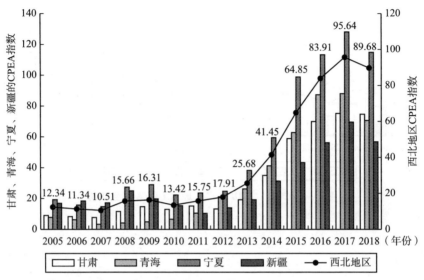

图 3 - 8　2005 ~ 2018 年西北地区 CPEA 指数走势

资料来源：依据表 3 - 1 和表 3 - 3 的数据，笔者自制。

（二）八大经济区个体户创业指数

2005 ~ 2018 年八大经济区的私营企业创业水平测算结果见表 3 - 4。东部和南部沿海的个体户创业指数在起初分别为 35. 39 和 27. 46，但是在经过波动发展后在期末提升到 200 以上的水平。北部沿海的个体户创业水平期初是八大地区中最高的，为 68. 09，但之后下降到不足 30 的水平，直到后期才快速攀升到接近 150 的水平。西南地区和西北地区的个体户创业在波动发展中分别提升到 158. 71 和 180. 04 的水平。东北地区、黄河中游地区和长江中游地区的个体户创业在期初为负值（部分地区个体户数量受政策影响下降较多），之后逐步增加，期末达到 150 以上的水平。

表 3 - 4　　　　　　2005 ~ 2018 年我国八大经济区个体户创业指数

年份	东部沿海	南部沿海	北部沿海	黄河中游	长江中游	东北地区	西南地区	西北地区
2005	35. 39	27. 46	68. 09	- 48. 99	- 4. 20	- 58. 25	13. 61	40. 49
2006	50. 90	27. 95	70. 21	- 1. 30	13. 40	- 23. 24	23. 28	18. 83

续表

年份	东部沿海	南部沿海	北部沿海	黄河中游	长江中游	东北地区	西南地区	西北地区
2007	37.59	56.16	66.69	34.59	24.67	22.45	47.83	7.00
2008	49.87	77.94	45.81	53.39	25.88	32.27	55.52	21.57
2009	68.70	104.64	38.57	65.34	44.49	64.68	62.72	61.92
2010	69.47	76.57	28.86	48.76	55.97	69.97	41.55	57.40
2011	96.64	91.50	40.99	73.65	99.67	107.06	77.63	75.91
2012	95.17	84.80	26.96	88.95	108.85	99.98	94.02	65.17
2013	82.31	102.17	31.63	94.00	137.42	112.07	118.64	91.17
2014	69.78	145.15	70.88	124.20	169.77	126.88	131.06	127.79
2015	80.83	179.50	115.16	130.13	147.20	98.97	140.69	173.07
2016	118.37	198.21	144.36	146.84	103.87	117.83	139.45	186.34
2017	172.47	205.50	144.49	130.80	96.74	114.99	151.54	181.73
2018	211.97	224.36	149.17	180.64	150.68	157.18	158.71	180.04

资料来源：依据各年度统计年鉴数据计算得到。

从八大经济区 IE 指数的整体发展趋势看，个体户创业指数大致呈上升趋势，各地区在研究期内均有不同程度的增加，且不同地区间创业水平差异较小。其中，南部沿海地区的个体户创业水平增长最显著，其次是东部沿海；黄河中游和西北地区的个体户创业走势类似，期末的水平也相当；北部沿海地区在中期下降到低点后显著增加，期末发展相对缓慢；西南地区呈现稳定向上的走势，而东北地区则是波动增长的走势。

1. 东部沿海

根据图 3-9，东部沿海的个体户创业指数在 2015 年之前的变化比较平稳，之后有明显的快速上升趋势。这主要是受到江苏和浙江两省 IE 指数显著增加的影响所致。上海 IE 指数在研究期内变化不大。

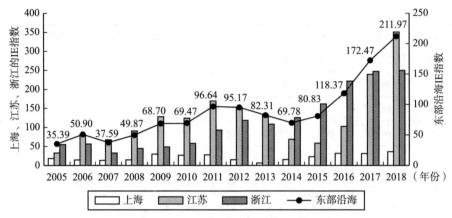

图 3 - 9　2005 ~ 2018 年东部沿海 IE 指数走势

资料来源：依据表 3 - 2 和表 3 - 4 的数据，笔者自制。

2. 南部沿海

南部沿海的个体户创业指数在 2010 年有小幅回落，整体表现为上升趋势，2015 ~ 2018 年个体户创业水平稳居八大地区之首。福建 IE 指数的大幅增加是带动南部沿海创业提升的关键因素（见图 3 - 10）。

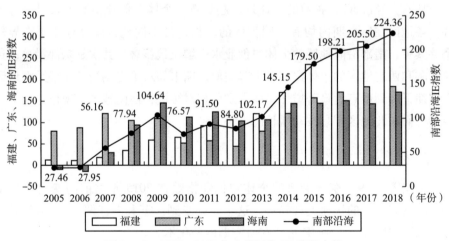

图 3 - 10　2005 ~ 2018 年南部沿海 IE 指数走势

资料来源：依据表 3 - 2 和表 3 - 4 的数据，笔者自制。

3. 北部沿海

根据图 3 - 11，北部沿海的个体户创业指数在 2013 年之前比较平稳，之后山东、河北的 IE 指数增长带动了北部沿海创业水平的显著提升。北京的 IE 指数在 2005～2007 年遥遥领先，但之后开始下降，直到 2012 年开始由正变负，并且不断减少，到 2018 年达到 –100.77。受其影响，北部沿海的个体户创业指数在期初遥遥领先于其他地区，而在 2008～2013 年整体表现为下降趋势，2014 年之后受天津和河北生存型创业水平不断提升的影响，该经济区的创业水平有一定幅度提升。

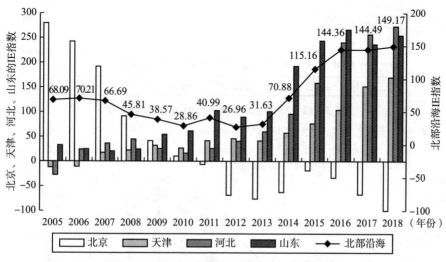

图 3–11 2005～2018 年北部沿海 IE 指数走势

资料来源：依据表 3–2 和表 3–4 的数据，笔者自制。

4. 黄河中游

根据图 3–12，黄河中游的个体户创业指数从期初的 –48.99 增加到 2018 年的 180.64，呈现出稳步上升的趋势，其中河南和陕西的 IE 指数增加的幅度较大，带动了整个经济区生存型创业水平的提升。

5. 长江中游

根据图 3–13，长江中游的个体户创业水平从开始就呈现稳步上升趋势，在 2014 年达到最大值 169.77，此后有所下降，2018 年维持在 150 左右。湖北在 2013～2015 年 IE 指数异常偏高，分别为 283.05、348.70 和 273.35，该经济区生存型创业水平达到峰值。

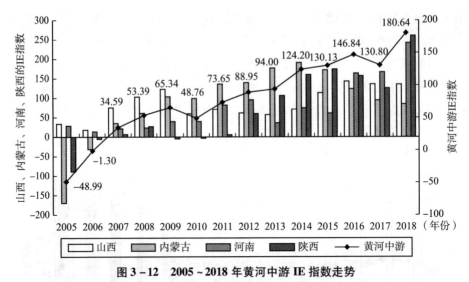

图 3 - 12   2005 ~ 2018 年黄河中游 IE 指数走势

资料来源：依据表 3 - 2 和表 3 - 4 的数据，笔者自制。

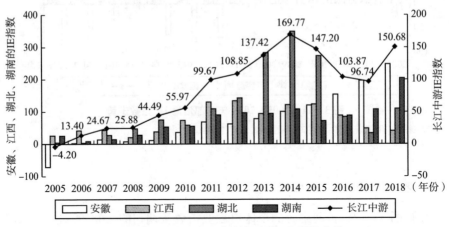

图 3 - 13   2005 ~ 2018 年长江中游 IE 指数走势

资料来源：依据表 3 - 2 和表 3 - 4 的数据，笔者自制。

6. 东北地区

根据图 3 - 14，东北地区的个体户创业指数在经历了一段从负到正的稳定上涨后，自 2011 年起稳定在 100 左右的水平，上升趋势不明显，其中，黑龙江的 IE 指数在 2015 年之后下降明显，但在 2018 年又出现大幅上升。

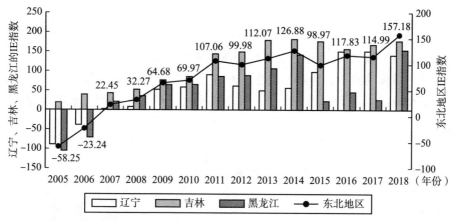

图 3 - 14　2005~2018 年东北地区 IE 指数走势

资料来源：依据表 3 - 2 和表 3 - 4 的数据，笔者自制。

7. 西南地区

根据图 3 - 15，西南地区的个体户创业指数在研究期内基本呈现稳定上升的态势，总体水平相比其他地区偏低，位于 160 以下的水平，其中，贵州的 IE 指数在 2011 年之后有比较显著的提升，重庆在 2013 年达到最大值 189.16 后有显著下降。

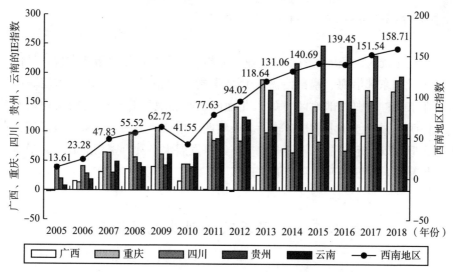

图 3 - 15　2005~2018 年西南地区 IE 指数走势

资料来源：依据表 3 - 2 和表 3 - 4 的数据，笔者自制。

8. 西北地区

根据图 3 - 16，西北地区个体户创业指数在 2005 ~ 2012 年呈波浪式上升，2015 年之后波动减小，大致维持在 180 左右，排名位居八大地区前三。除甘肃在 2015 年之后指数显著下降外，其他三个地区的个体户创业水平均在稳步提高。

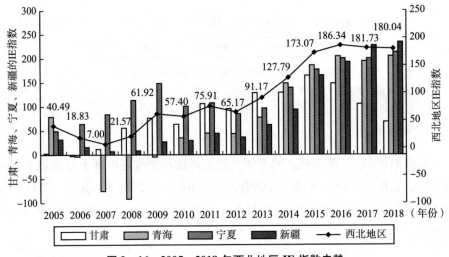

图 3 - 16   2005 ~ 2018 年西北地区 IE 指数走势

资料来源：依据表 3 - 2 和表 3 - 4 的数据，笔者自制。

通过比较八大经济区的私营企业创业指数和个体户创业指数发现，经济发达地区（如东部沿海、南部沿海等）两类指数均相对较高，体现出较高的区域创业水平；而中西部地区（如东北地区、西北地区等）两类指数均相对较低，说明其区域创业水平相对较低。虽然两类指数从不同角度来衡量区域创业水平，但可以肯定的是区域创业水平与经济发展水平具有密切的联系，值得对两者相互影响程度展开进一步的讨论。

第三节   不同活跃度创业统计测度

第二节以经济区来划分的创业水平研究发现，各经济区内部的省份之间创业发展存在较大差异，简单地将其按照传统的经济区范畴来划分创业发展有失准确。为了更好地体现地区创业发展的同质性，本节将依据创业发展自身的特点，结合面板数据聚类分析方法，以活跃度来细分创业发展，体现创业发展变化的特征。

一、面板数据聚类分析

大型数据库中面板数据的出现，使得聚类分析的研究拓展到面板数据的有效聚类分析。聚类分析的关键是对所研究的问题构造数据之间的相似指标，针对复杂的面板数据，根据连续和间断的情形，从不同的角度提出描述面板数据之间相似程度的指标。

（一）面板数据的相似指标

对于面板数据 $x_i(t)$，$i = 1, 2, \cdots, N$，$0 \leqslant t \leqslant T$，考虑 N 个面板数据之间的近似性用面板之间的距离，其表现形式是一个 $N \times N$ 的对称矩阵，即

$$\begin{pmatrix} 0 & \delta_{1,2} & \delta_{1,3} & \cdots & \delta_{1,N} \\ & 0 & \delta_{2,3} & \cdots & \delta_{2,N} \\ & & \ddots & \cdots & \cdots \\ & & & \ddots & \delta_{N-1,N} \\ & & & & 0 \end{pmatrix} \qquad (3-3)$$

式中，$\delta_{i,j}$ 是第 i 个面板数据与第 j 个面板数据之间相异程度的量化表示，当第 i 个与第 j 个面板数据相似或"接近"时，其值接近于 0。

对于设定的面板数据 $x_i(t)$，$i = 1, 2, \cdots, N$，$0 \leqslant t \leqslant T$，面板数据之间的相似指标有：

（1）差异的上确界：

$$\delta_{i,j} = \sup\{ |x_i(t) - x_j(t)|, 0 \leqslant t \leqslant T \} \qquad (3-4)$$

（2）一致差异：

$$\delta_{i,j} = \int_0^T |x_i(t) - x_j(t)| dt \qquad (3-5)$$

针对间断型的面板数据 $x_i(t_k)$，$i = 1, 2, \cdots, N$，$0 \leqslant t_1 < t_2 < \cdots, t_m \leqslant T$，面板数据之间的相似指标有：

（1）差异的最大值：

$$\delta_{i,j} = \max_{1 \leqslant k \leqslant m} |x_i(t_k) - x_j(t_k)| \qquad (3-6)$$

（2）差异的绝对和：

$$\delta_{i,j} = \sum_{k=1}^{m} |x_i(t_k) - x_j(t_k)| \qquad (3-7)$$

（3）差异的欧式距离：

$$\delta_{i,j} = \sum_{k=1}^{m} |x_i(t_k) - x_j(t_k)|^2 \qquad (3-8)$$

（二）面板数据的聚类分析

根据连续和间断的面板数据类型，从不同的角度描述面板数据之间相似程度的指标，由此生成了相应的相似矩阵。在此基础上，利用系统聚类分析就可以得到分析结果，其聚类的基本过程是：假设面板数据 $x_i(t)$，$i=1, 2, \cdots,$ N，$0 \leqslant t \leqslant T$，

第一步，将每个数据 $x_i(t)$，$i=1, 2, \cdots, N$ 聚成一类，共有 N 类；

第二步，根据所确定的面板数据的相似指标把"距离"较近的两个面板数据聚合为一类，其他面板数据仍各自聚为一类，共聚成 N-2 类；

以上步骤一直进行下去，最后将所研究的面板数据全部聚成一类。

二、私营企业创业活跃度分析

利用前述面板数据聚类分析方法，分别对 30 个省份的创业水平指标 CPEA 进行面板数据的聚类分析，体现不同活跃度下创业发展的特征。

（一）聚类分析

针对 CPEA 指标的面板数据，采用相似指标，将我国各地区的私营企业创业指数划分为 4 类（见图 3-17）。在谱系图基础上，将一类、二类地区合并成创业高度活跃地区，第三类为创业一般活跃地区，第四类为创业不活跃地区，如表 3-5 所示。创业高度活跃的 8 个省份几乎全部集中在东部沿海区域；创业水平一般活跃的省份（9 个）主要集中于东中部内陆地区；创业不活跃省份分布范围最广，所含的省份最多（13 个），主要位于我国的西部和东北地区。这与我国经济发展水平的区域分布状态大致吻合。

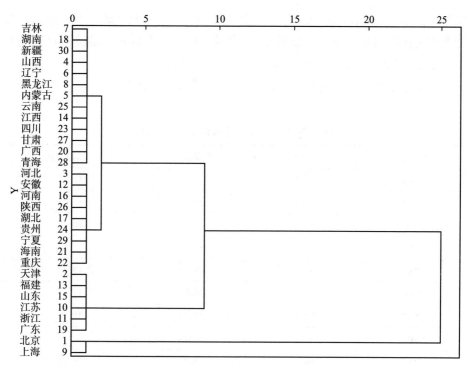

图 3 - 17　私营企业创业谱系

资料来源：SPSS 软件输出结果。

表 3 - 5　　　　　　　　　　各地区创业活跃度分类结果

项目	1	2	3	4
地区	上海、北京	广东、天津 福建、江苏 山东、浙江	河北、河南、宁夏 重庆、陕西、海南 贵州、湖北、安徽	四川、辽宁、甘肃 山西、黑龙江、吉林 江西、新疆、湖南 青海、云南、广西 内蒙古
活跃度	高度活跃地区		一般活跃地区	不活跃地区

（二）不同活跃度创业分析

计算创业高度活跃地区、一般活跃地区和不活跃地区历年的私营企业创业指数（见表 3 - 6）。结果表明，高度活跃地区的创业指数期初仅为 56.23，经过一段时间的缓慢增加后，在 2013 年之后开始了快速增长，从 68.71 跃居到

207.84,与一般活跃和不活跃地区的差距显著扩大;一般活跃和不活跃地区的创业水平在期初基本相当,分别为13.43和11.34,之后几年维持相对稳定的发展水平。2012年之后,一般活跃地区维持了相对较快的增速,与不活跃地区的差距逐步增大,直到期末分别达到102.25和69.00的水平。

表3-6 2005~2018年各活跃度私营企业创业指数

年份	高度活跃地区	一般活跃地区	不活跃地区
2005	56.23	13.43	11.34
2006	53.33	13.01	11.23
2007	41.99	14.74	10.55
2008	48.28	19.69	13.81
2009	49.29	23.18	15.13
2010	45.91	18.88	13.50
2011	56.31	29.23	18.28
2012	60.99	34.63	21.59
2013	68.71	47.76	26.18
2014	99.05	59.85	38.79
2015	146.30	81.44	54.74
2016	190.14	86.05	67.86
2017	211.30	95.00	72.33
2018	207.84	102.25	69.00

资料来源:表3-1和表3-5。

从图3-18看,高度活跃地区在期初处于较高的水平,而一般活跃地区和不活跃地区几乎同步,之后几年三个地区的私营企业创业发展基本维持较稳定的态势。但2013年后,高度活跃地区的创业增速明显提升,仅用5年的时间创业指数就从不到70快速发展到200以上的水平;一般活跃地区的增速相对较慢,创业指数从不到50发展到100以上;而不活跃地区在期末也未达到70的水平,差距非常显著。

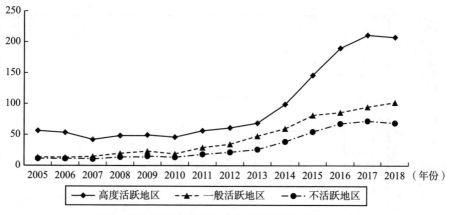

图 3 – 18　2005 ~ 2018 年各活跃度 CPEA 指数走势

资料来源：依据表 3 – 6 的数据，笔者自制。

三、个体户创业活跃度分析

对 30 个省份的创业水平指标 IE 进行面板数据的聚类分析，不同活跃度下个体户创业体现出不同的发展变化特征。

（一）聚类分析

针对 IE 指标的面板数据，采用相似指标将各地区的个体户创业指数划分为 5 类（见图 3 – 19）。从前文 IE 指数的分析可见，很难将北京和其他地区合并，故北京单独为一类；另外四类分别合并称为高度活跃地区、比较活跃地区、一般活跃地区和不活跃地区（见表 3 – 7）。

（二）不同活跃度创业分析

计算创业高度活跃地区、比较活跃地区、一般活跃地区和不活跃地区历年的个体户创业指数，结果见表 3 – 8。结果表明，高度活跃地区的创业水平期初仅为 1.45，2010 年后，开始较快速发展，期末达到 250.41；比较活跃地区期初的创业水平较大为 34.88，2010 年之前一直处于较高的发展水平，之后的发展速度有所放慢，逐渐与高活跃地区拉开差距，期末达到 203.78；一般活跃地区期初创业水平为 2.00，在研究期内的发展比较稳定，2015 年之后的增

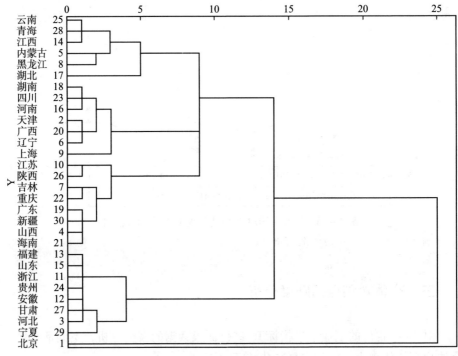

图 3 – 19　个体户创业谱系

注：SPSS 软件输出结果。

表 3 – 7　　　　　　　　　各地区创业聚类分析结果

项目	1	2	3	4
地区	福建、宁夏、山东、浙江、贵州、安徽、甘肃、河北	江苏、陕西、海南、山西、广东、吉林、重庆、新疆	四川、辽宁、河南、湖南、上海、广西、天津	云南、青海、江西、内蒙古、黑龙江、湖北
活跃度	高度活跃地区	比较活跃地区	一般活跃地区	不活跃地区

速有所增加，期末达到 158.23；不活跃地区受内蒙古和黑龙江两个地方 IE 指数变化的影响，研究期内的波动比较明显，从 – 39.55 增加到 177.43 后，下降至 69.62。相比于私营企业创业不同活跃度的发展变化特征，个体户创业的不同活跃度发展变化更波动、更复杂，趋势不显著。

表 3 – 8 2005～2018 年各活跃度私营企业创业指数

年份	高度活跃地区	比较活跃地区	一般活跃地区	不活跃地区
2005	1.45	34.88	2.00	−39.55
2006	16.95	46.56	6.19	−6.62
2007	10.30	73.06	23.46	31.43
2008	17.14	94.09	27.03	43.48
2009	29.05	115.34	44.21	69.95
2010	38.70	79.64	38.24	70.50
2011	65.15	108.33	59.91	113.65
2012	80.69	103.53	56.79	120.13
2013	102.85	115.41	50.39	149.57
2014	151.30	121.56	64.09	177.43
2015	190.90	128.45	73.04	147.93
2016	220.34	149.94	99.47	105.17
2017	222.11	179.34	122.19	69.62
2018	250.41	203.78	158.23	95.17

资料来源：表 3 – 2 和表 3 – 7。

从图 3 – 20 看，期初比较活跃地区的个体户创业水平最高，高度活跃地区和一般活跃地区受部分省份 IE 指数为负的影响，基本处于零的水平，不活跃地区为负值。2011 年之后，高度活跃地区的创业水平快速增长，并在 2014 年超过比较活跃地区，达到 250 以上的水平。比较活跃地区和一般活跃地区的走势相似，前者的创业水平整体更高，期末分别达到 200 和 150 以上的水平。不活跃地区创业的走势比较特殊，在 2014 年之前一直保持较高的增速，发展到 170 的水平，之后快速下降，到期末 IE 指数不足 100。不活跃地区个体户创业水平的突然下降与其各省份 IE 指数的大幅降低密切相关。

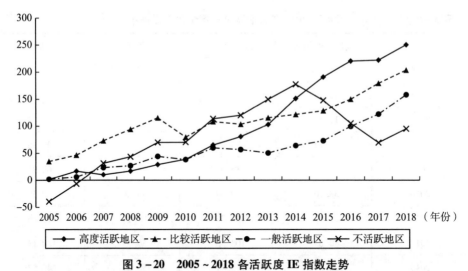

图 3-20 2005~2018 各活跃度 IE 指数走势

资料来源：依据表 3-8 的数据，笔者自制。

第四节　本章结论

本章主要围绕创业的测度进行了实证分析，在考虑创业两种不同类型的情况下，分别采用 CPEA 指数和 IE 指数衡量了私营企业创业和个体户创业两个方面，主要对我国 30 个省份、八大经济区、不同活跃度的创业水平进行了统计测度和分析，得出如下结论。

（1）我国各省份的私营企业指数研究期内基本呈现上升趋势，从平均值排名看，上海、北京和广东的 CPEA 指数位列前三，而黑龙江、湖南和新疆三个地区排名最后。此外，地区间的创业差异由于增加幅度不同，因此差异不断扩大。私营企业创业较发达地区，经济基础较为雄厚，基础设施较完善，地方政府政策扶持、活跃的经济金融环境及高端人才的大量集聚等因素促使创业活动蓬勃发展。而私营企业创业指数水平一值很低的地区则存在科技创新水平低，人才资源匮乏、企业融资难等情况。以个体户创业指数衡量的地区创业水平有显著不同。从 2018 年个体户创业指数的排名看，福建、河北和山东的 IE 指数排名前三，部分地区的个体户创业指数呈负值。从两类创业指数的地理分布看，创业活动程度整体呈现由东向西递减的趋势，且创业水平相近的省份在地理位置分布上较为集中，从一个侧面表明各地区间的创业差异与空间地理距离有密切关系。

（2）我国八大经济区私营企业创业发展情况表明，东部沿海和南部沿海的创业水平均处于前沿水平，且有较大的上升涨幅；北部沿海地区在 2005～2013 年的创业水平走向相对比较平稳，浮动较小，但在 2013 年开始出现较大上升波动，2016 年创业水平接近东部沿海地区；西南地区、长江中游、东北地区、黄河中游、西北地区和沿海地区相比均处于较低水平，且与领先地区存在较大的差距，但从总体来看，也处于缓慢上升的阶段并有了一定的涨幅。另外，八大经济区个体户创业发展情况比较复杂，从整体发展趋势看，个体户创业指数大致呈波动上升趋势，各地区在创业水平均有不同程度的增加，且不同地区间生存型创业水平差异较小。其中，南部沿海地区的个体户创业水平增长最快，其次是东部沿海，北部沿海的发展相对较慢，东北地区、黄河中游和长江中游地区的个体户创业在期初为负值。相比于私营企业创业，在研究期末，八大经济区的个体户创业水平相对较高，差距也相对较小。

（3）采用面板聚类分析将两类创业指数进行分类后，进一步研究了私营企业创业在三种不同活跃度、个体户创业在四种不同活跃度下的发展变化特征。具体来说，私营企业创业高度活跃地区的创业水平始终处于相对较高的水平，2013 年之前的发展变化比较稳定，之后则快速增长，与一般活跃和不活跃地区的差距显著扩大；一般活跃和不活跃地区的创业水平在期初基本相当，之后几年也维持在相对稳定的发展水平，在 2012 年之后，一般活跃地区维持了较快的增速，与不活跃地区的差距逐步增大。个体户创业的不同活跃度发展变化更波动、更复杂，趋势不显著。简单来说，期初比较活跃地区的创业水平较高，高度活跃地区和一般活跃地区的创业水平期相当，不活跃地区的创业水平为负，2011 年之后，高度活跃地区保持了较快的增长速度，不仅超越比较活跃地区和一般活跃地区，而且差距越来越大，均在期末达到最大值，相比之下，不活跃地区的创业水平在 2014 年达到最大值，之后开始快速下降。

第四章
创业对经济增长的空间效应

随着我国改革开放的深入推进，创业活动也已成为经济发展的强劲动力。在当前经济转型升级的背景下，更需要把创业作为经济高质量增长的新引擎，调整产业结构，促进经济高质量发展。本章将从空间相关性的视角，探讨不同类型创业对经济增长的影响，并构建模型具体分析空间溢出效应的影响程度和作用效果。

第一节 空间效应及空间模型

一、空间效应

空间计量经济学以 1979 年帕林克和克拉森（Paelinck and Klaaseen）的《空间计量经济学》出版为标志。空间计量经济学为区域与城市经济学的研究提供了可靠的思路与方法，已经发展为一门具有生命力的学科，并且成为计量经济学的一个全新研究领域。

空间计量经济学把空间效应分为空间依赖性与空间异质性。空间依赖性是指因主体行为间的空间交互作用而产生的一种截面依赖性，这意味着不同区位随机变量之间的相关性或者协方差结构主要来自空间组织形式，这些空间组织形式是由地理空间中主体之间相对位置（距离、空间排序）决定的。空间异质性是指空间结构的非均衡性，表现为主体行为之间存在明显的空间结构性差异。根据空间异质性表现形式的不同，分为空间结构非均衡和空间异方差。空间结构非均衡性通常需要设置空间变系数或空间结构；空间异方差则通常需要对误差项进行异方差处理。空间异质性的处理方法主要有离散型异质性和连续型异质性。离散型异质性通过在模型中设置地区虚拟变量来表现空间异质性，连续型异质性通过设定参数随机空间位移变动的函数形式来处理空间异质性。

二、空间相关性

空间相关性是表示变量的观测数据在空间上呈现潜在的相互依赖、影响和制约的特征，它是指在同一分布区内的观测值在空间上非独立，呈现出某种非随机的空间模式，是事物和现象本身所固有的一种属性。在运用空间面板数据模型分析经济问题时，要对各个截面单位的空间相关性进行检验，以判定采用空间面板数据分析的适用性。空间相关性分为全局相关性和局部相关性，主要的检验方法为全局莫兰指数、吉尔里指数以及局部莫兰指数。

（一）全局莫兰指数

全局莫兰指数是从整体性上探讨区域的空间影响，衡量整个区域某一要素的空间模式，反映整个地区的空间相关性，计算公式如下：

$$\text{Moran I} = \frac{\sum_{i=1}^{n} \sum_{j=1}^{n} \omega_{ij} \left[\left(Y_i - \bar{Y} \right) \left(Y_j - \bar{Y} \right) \right]}{S^2 \sum_{i=1}^{n} \sum_{j=1}^{n} \omega_{ij}} \tag{4-1}$$

式（4-1）中，Y 代表地区观察值，$S^2 = \frac{1}{n} \sum_{i=1}^{n} \left(Y_i - \bar{Y} \right)^2$，$\bar{Y} = \frac{1}{n} \sum_{i=1}^{n} Y_i$，$Y_i$ 表示第 i 地区的观测值，n 为地区总数，ω_{ij} 为空间权重矩阵。标准化的莫兰指数统计量为：

$$Z = \frac{\text{Moran's I} - E(I)}{\sqrt{\text{VAR}(I)}} \tag{4-2}$$

式（4-2）中，$E(I) = -\frac{1}{n-1}$，$\text{VAR}(I) = \frac{n^2 \omega_1 + n\omega_2 + 3\omega_0^2}{\omega_0^2 (n^2 - 1)} - E^2(I)$，

$\omega_0 = \sum_{i=1}^{n} \sum_{j=1}^{n} \omega_{ij}$，$\omega_1 = \frac{1}{2} \sum_{i=1}^{n} \sum_{j=1}^{n} \left(\omega_{ij} + \omega_{ji} \right)^2$，$\omega_2 = \sum_{i=1}^{n} \sum_{j=1}^{n} \left(\omega_{i\cdot} + \omega_{\cdot j} \right)^2$，$\omega_{i\cdot}$ 和 $\omega_{\cdot j}$ 分别为空间权值矩阵中 i 和 j 列之和。莫兰指数统计量的取值一般为 [-1, 1]，小于 0 表示负相关，其值越小表示空间差异越大或分布越不集中；等于 0 表示不相关；大于 0 表示正相关，值越大表示空间相关性越强，即性质越相似。

(二) 局部莫兰指数

局部莫兰指数用于衡量整个研究区域局部地区之间的空间相关性，计算公式：

$$I = (Y_i - \bar{Y}) \sum_{j=1}^{n} \omega_{ij}(Y_j - \bar{Y}) \tag{4-3}$$

(三) 吉尔里指数

格蒂斯和奥德 (Getis and Ord) 于 1992 年提出了能判断空间数据呈现高值还是低值集聚的全局吉尔里指数统计量。吉尔里指数统计量 C 计算公式如下：

$$C = \frac{(n-1) \sum_{i=1}^{n} \sum_{j=1}^{n} \omega_{ij}(Y_i - Y_j)^2}{2 \sum_{i=1}^{n} \sum_{j=1}^{n} \omega_{ij} \sum_{k=1}^{n} (Y_k - \bar{Y})^2} \tag{4-4}$$

其他变量同式 (4-3)。C 总为正值，取值范围为 [0, 2]，小于 1 时表明存在正的空间自相关性；等于 1 时表明不存在空间自相关性即观测值在空间上随机分布；大于 1 时表示存在负的空间自相关性。式 (4-5) 对吉尔里指数统计量进行标准化：

$$Z(C) = (C - E(C)) / \sqrt{VAR(C)} \tag{4-5}$$

式 (4-5) 中，E(C) 代表数学期望，VAR(C) 代表方差。Z(C) 为正表明空间数据存在高值集聚，为负表示空间数据低值集聚。

三、空间权重矩阵

建立空间计量模型，需要引入空间权重矩阵 W 来度量空间距离，形式如下：

$$W = \begin{bmatrix} \omega_{11} & \omega_{12} & \cdots & \omega_{n1} \\ \omega_{21} & \omega_{22} & \cdots & \omega_{2n} \\ \vdots & \vdots & \vdots & \vdots \\ \omega_{1n} & \omega_{n2} & \cdots & \omega_{nn} \end{bmatrix} \tag{4-6}$$

式 (4-6) 中，ω_{ij} 表示区域 i 与 j 的邻近关系。这里的"距离"可以为地理上的距离，也可以代表经济合作关系的远近，甚至可以代表人际关系的亲疏。

（一）地理空间权重矩阵

地理空间矩阵有三种常规的定义：一是简单的二进制空间邻接矩阵；二是基于距离的二进制空间权重矩阵；三是基于地理距离的空间权重矩阵。在此采用的是简单的二进制空间邻接矩阵，以地理位置差异研究创业水平对经济增长的影响，该距离矩阵如下：

$$\omega_{ij} = \begin{cases} 1, & \text{当区域 i 和区域 j 相邻接} \\ 0, & \text{其他} \end{cases} \qquad (4-7)$$

（二）经济距离权重矩

经济距离权重矩阵以经济发展水平的差异来衡量地区间的密切程度，通过各区域间经济指标之差的绝对值取倒数来定义：

$$\omega_{ij} = \begin{cases} 1/|\bar{Y}_i - \bar{Y}_j| & i \neq j \\ 0 & i = j \end{cases} \qquad (4-8)$$

式（4-8）中，$\bar{Y}_i$ 为考察期内第 i 个地区的经济指标平均值，以 GDP 作为衡量经济发展水平的指标。

传统的经济距离权重矩阵为对称矩阵，即空间单元间的相互影响程度相同，但这并不符合实际情况。因此，有学者对其进行了改进，比较有代表性的如李婧在 2010 年发表的研究成果。笔者受此启发，构建了一种复合型创业水平经济距离矩阵，定义为：

$$\omega = \omega_d \times \omega_c \qquad (4-9)$$

式（4-9）中，ω_d 为距离摩擦系数 1 的 Cliff-Ord 空间权重矩阵：

$$\omega_c = \begin{cases} \dfrac{1}{|\bar{Y}_i/\bar{Y} - \bar{Y}_j/\bar{Y}|} & i \neq j \\ 0 & i = j \end{cases}$$

式中，$\bar{Y}_i$ 表示考察期内第 i 个地区的 CPEA 平均值，$\bar{Y}$ 表示考察期内所有地区的 CPEA 总平均值。

本书考虑分别从地理距离与创业水平距离角度构建空间权重矩阵，其中，W_1 为地理邻接空间权重矩阵，W_2 为机会型创业水平经济距离矩阵，W_3 为生存型创业水平经济距离矩阵。

四、空间面板数据模型

空间面板数据模型（Spatial Panel Data Model，SPDM）通过将能够反映空间相互影响效应的因子加入普通面板模型得到，是空间计量经济学的最新研究领域。空间面板数据模型往往分为常参数和变参数两种。常见的常参数空间回归模型有包括空间误差模型、空间滞后模型、空间杜宾模型，它们主要研究空间自相关性；变参数空间回归模型中常见模型有地理加权回归模型（Geographical Weighted Regression，GWR）。GWR 地理加权回归模型扩展了传统的常参数空间计量模型，可以更有利地分析事物或现象影响因素的空间局部异质性特征（Fortheringham，1996）。

（一）空间滞后模型

空间滞后模型（Spatial Lag Model，SLM）又称为空间自回归模型，反映的是存在空间交互作用，其模型表达式为：

$$Y = \rho WY + X\beta + I\varepsilon, \quad \varepsilon \sim N[0, \sigma^2 I] \tag{4-10}$$

式（4-10）中，$Y = (Y_1, \cdots, Y_N)'$ 为被解释变量，$X = (X_1, \cdots, X_K)$ 是解释变量矩阵，ρ 为空间效应系数，$\beta = (\beta_1, \cdots, \beta_k)'$ 为参数向量；W 为空间权重矩阵。空间滞后模型所代表的经济含义是，如果我们研究的经济事物和现象存在空间上的自相关性，仅考虑自身的解释变量往往不能很好地估计其变量变化趋势。

（二）空间误差模型

空间误差模型（Spatial Error Model，SEM）描述的是空间总体相关和空间扰动相关，其模型表达式为：

$$Y = X\beta + \varepsilon, \quad \varepsilon = \lambda W\varepsilon + u, \quad u \sim N[0, \sigma^2 I] \tag{4-11}$$

式（4-11）中，λ 为空间误差相关系数，度量了邻近个体关于被解释变量的误差冲击对本个体观察值的影响程度；空间矩阵 W 的元素 ω_{ij} 描述了第 j 个截面个体与第 i 个截面个体误差项之间的相关性；其他符号的含义同前。空间误差模型也被称为空间自相关模型。空间误差模型反映了因变量不仅受到当地自变量的影响，还受周边地区一些没有归纳为影响因素的其他因素影响。

（三）空间杜宾模型

空间杜宾模型（Spatial Dubin Model，SDM）是通过加入空间滞后变量而增强的空间滞后模型，当解释变量的空间滞后项影响被解释变量时，应考虑建立空间杜宾模型，其模型表达式为：

$$y = \rho Wy + X\beta + W\bar{X}\gamma + \varepsilon \tag{4-12}$$

式（4-12）中，$n \times (Q-1)$ 的矩阵 $\bar{X}$ 是一个可变的解释变量矩阵，模型可简化为：

$$y = (I - \rho W)^{-1}(X\beta + W\bar{X}\gamma + \varepsilon) \qquad (4-13)$$

式中，$\varepsilon \sim N(0, \sigma^2 I)$，$\gamma$ 是一个 $(Q-1) \times 1$ 的参数向量，用以度量相邻区域的解释变量对因变量 y 的边际影响，与 $\bar{X}$ 和 W 相乘，得到反映相邻区域平均观测值的空间滞后解释变量。如果 W 是稀疏的（有很多 0 值），那么在诸如 $W\bar{X}$ 之类的运算时无须耗费太多时间。

第二节　创业对经济增长空间模型[①]

许多学者在不同层面、不同角度研究了创业活动对经济增长的影响或作用，但是这些成果大多忽略了各地区创业在地理空间上的关联性特征。因此，本节将弥补以往研究的不足，从空间经济学的视角，通过引入不同权重的空间矩阵，构建创业对经济增长的空间影响效应模型并展开相应的实证分析。

一、变量选择

因变量为经济增长指标，采用人均国内生产总值（PGDP）衡量。生存型创业指创业者为了生存，在没有其他选择的情况下进行的创业，显示出创业者的被动性，优点在于它从事低成本、低门槛，低风险的行业，是相对低的创业起点。机会型创业指为了追求一个商业机会而从事创业的活动，其成长空间较高，发展空间较大，因而能带来更多的收益。考虑到不同创业类型对经济增长的作用存在差异性，本书选取如下控制变量一同分析。

人力资本存量（Hcapital）：人力资本可以反映劳动者的质量，具体可以体现在知识水平、技术能力及健康素质等方面。人力资本可以从两个方面作用于经济增长。首先行为人作为发现创新机会的主体，其创新能力大小受个体人力资本存量限制；其次，人力资本可以作为一种直接要素进入市场，进行生产进而促进经济增长。而教育作为当前人们学习知识与获取专业技能的主要手段，有助于改善劳动者质量，因此本书采用彭国华的计算方法，将各地区人均受教育年数按照教育回报率转换成人力资本存量。

---

① 陈娟、张菲菲、杨雪怡. 区域创业、空间溢出与经济增长效应研究［J］. 科技进步与对策，2020（4）：44-50.

物质资本存量（Mcapital）：在经济生产过程中，物资资本同样作为一种直接投入要素促进经济增长。邓芳（2014）从以下两个角度总结了物资资本对经济增长的作用机制：首先，厂房、机器等物质资源是进行经济生产的基础与条件，且有赖于人力资本与物质资本的投入配比，只有当两者结构合理时，才能最大限度促进经济增长。其次，物质资本作为其他资本累积的基础，在生产过程中具有有限替代性，可以通过劳动替代、技术替代等方式提高技术水平，提升生产率。本章使用张军（2003）估算方法。

人均研发支出投入（PR&D）：科学技术作为推动现代生产力发展的决定性因素，有助于提高生产率，在经济增长过程中起变革性作用。而科技财政投入有助于形成知识积累，是实现技术进步的基础性物质条件，李永刚（2011）通过实验研究证实了这一观点，即科技财政投入的增加有利于提升社会生产力水平、促进经济增长。衡量科技财政投入一般采用研究与实验开发（R&D）投入指标，本章沿用这一方法，采用人均研发支出投入（PR&D）来衡量地区的科技投入水平，指标值为 R&D 经费内部支出与地区人口数的比值。

人均技术市场成交额（PTT）：技术市场作为连接技术与经济的关键纽带，可以促进生产要素融合，提升资源配置效率。经过十多年的努力，我国技术交易市场实现了从无到有的过程，在组织机构、管理与运行机制等方面都有了显著发展。技术交易市场与其他相关要素市场相互促进，不仅带来了商品市场经济多样化，同时也有助于推进技术革命，促进我国经济增长（高静，2002）。技术市场成交额可以较好地反映地区的技术市场化程度，故本章通过计算人均技术市场成交额（PTT）表示地区技术市场发展水平。

对外开放程度（Open）：随着经济全球化步伐的加快，我国对外贸易水平不断提升，国际贸易已经成为我国经济增长的重要来源，因此本书使用国内生产总值除以进出口总额衡量对外开放程度。

本书数据涉及 2005～2017 年中国 30 个省份的人口和各经济变量（不包括西藏和港、澳、台地区）。数据来源于《中国统计年鉴》《中国城市统计年鉴》《中国科技年鉴》以及各省份统计年鉴等相关资料。以 2005 年的价格为基期，对部分变量（国内生产总值、固定资本投入、R&D 经费投入、进出口总额、技术市场成交额）的价格进行平滑。

二、空间相关性诊断

全局莫兰指数可以反映区域属性值的分布是否是集聚、离散或者随机分布模式,吉尔里指数能判断空间数据呈现高值还是低值集聚。计算 2005~2017 年我国 30 个省份在空间邻接矩阵和创业水平经济距离矩阵下各区域经济水平的全局莫兰指数和吉尔里指数(见表 4-1)。结果显示,我国各地区经济水平(人均 GDP)的全局莫兰指数均大于 0,表现出较强的空间正相关性,说明经济水平具有集聚特征。同样,吉尔里指数均大于 0 小于 1,且通过了 5% 的显著性水平检验,也说明空间数据存在高值聚集。全局莫兰指数与吉尔里指数所得结论一致,说明不论是地理位置邻近,还是经济距离相近,经济水平在空间上并不随机分布,具有相似经济水平的地区呈现集聚状态和空间依赖性。

表 4-1   2005~2017 年我国各地区莫兰指数和吉尔里指数

年份	地理邻接空间权重矩阵 W_1		经济距离权重矩阵 W_2	
	莫兰指数 I	吉尔里指数	莫兰指数	吉尔里指数
2005	0.47 ***	0.45 ***	0.36 ***	0.52 ***
2006	0.46 ***	0.47 ***	0.35 ***	0.54 ***
2007	0.45 ***	0.48 ***	0.35 ***	0.55 ***
2008	0.44 ***	0.50 ***	0.33 ***	0.59 ***
2009	0.44 ***	0.50 ***	0.33 ***	0.59 ***
2010	0.44 ***	0.51 ***	0.33 ***	0.59 ***
2011	0.43 ***	0.52 ***	0.32 ***	0.61 ***
2012	0.42 ***	0.54 ***	0.31 ***	0.63 ***
2013	0.40 ***	0.54 ***	0.32 ***	0.62 ***
2014	0.38 ***	0.56 ***	0.33 ***	0.61 ***
2015	0.38 ***	0.56 ***	0.36 ***	0.58 ***
2016	0.39 ***	0.55 ***	0.42 ***	0.51 ***
2017	0.41 ***	0.52 ***	0.46 ***	0.47 ***

注:***、**、* 分别表示在 1%、5% 和 10% 显著性水平下通过检验。
资料来源:R 软件输出结果。

三、空间模型选取

基于对创业与经济增长关系的理论分析,对柯布-道格拉斯生产函数进行修改并建立基于两种类型的创业与经济增长的空间计量模型。考虑变量的平稳性，各变量均取对数建模如下：

$$\ln PGDP_{it} = \rho w_i' \ln PGDP + \beta_1 \ln CPEA_{it}' + \beta_2 \ln IE_{it}' + \beta_3 \ln C_{it}' + \delta_1 w_i' \ln CPEA_{it}$$
$$+ \delta_2 w_i' \ln IE_{it} + \delta_3 w_i' \ln C_{it} + u_i + \gamma_t + \varepsilon_{it} \qquad (4-14)$$

式中，PGDP 表示人均国内生产总值；CPEA 代表私营企业创业指数；IE 代表个体户创业指数；C 是控制变量，包含物质资本存量和人力资本存量；PTT 是人均技术市场成交额；PR&D 人均研发支出投入；Open 对外开放程度；w_i 为空间权重矩阵的第 i 行；u_i 代表个体异质项；γ_t 代表时间异质项；ε_{it} 代表随个体和时间而变的扰动项。当 $\delta = 0$ 时，模型为空间自回归模型；当 $\delta = 0$ 且 $\rho = 0$ 时，模型为空间误差模型。

（一）模型检验

根据芝加哥大学安瑟兰教授（Luc Anselin）的判断准则：如果 LM lag 和 LM error 都通过了显著性检验，Robust LM lag 通过了显著性检验，而 Robust LM error 没有通过显著性检验，则认为空间滞后模型较优；反之，如果 LM lag 和 LM error 都通过了显著性检验，Robust LM error 通过了显著性检验，而 Robust LM lag 没有通过显著性检验，则认为空间误差模型较优。从表 4-2 中 LM 和 Robust LM 检验结果可以看出，不论空间误差模型还是空间滞后模型的 LM 值都通过了 1% 的显著性检验，而 Robust LM lag 通过了 1% 的显著性检验，Robust LM error 并没有通过显著性检验，说明两种不同空间距离权重的区域创业对经济增长的影响使用空间滞后模型更加合理。

表 4-2　　　　　　　　　　　LM 和 Hausman 检验结果

检验方法	地理邻接空间权重矩阵 W_1		经济距离权重矩阵 W_2	
	系数	P 值	系数	P 值
LM lag	56.53 ***	0.00	89.35 ***	0.00
Robust LM lag	33.54 ***	0.00	40.44 ***	0.00
LM error	23.67 ***	0.00	54.35 ***	0.00
Robust LM error	0.68	0.41	5.44 **	0.02
Hausman	12.65 *	0.08	77.00 ***	0.00

注：***、**、* 分别表示在 1%、5% 和 10% 显著性水平下通过检验。
资料来源：R 软件输出结果。

通过 Hausman 检验判断采用固定效应模型还是随机效应模型，检验结果显示见表 4 - 2。基于地理邻接空间权重矩阵 W_1，Hausman 检验值检验结果为 12.65（P = 0.08），没有通过 5% 的显著性检验，说明应接受采用随机效应的原假设，即证明当衡量地理位置邻近区域创业水平的经济增长效应时应采用随机效应模型；基于创业水平经济距离矩阵 W_2，Hausman 检验值检验结果为 77.00（P = 0.00），通过了 5% 的显著性检验，说明应采用固定效应模型。

（二）模型选取

通过 Wald 和似然比 LR 检验来判断空间杜宾模型是否能够转化成空间误差模型或者空间滞后模型，检验结果显示见表 4 - 3。不论基于地理邻接空间权重矩阵 W_1，还是创业水平经济距离矩阵 W_2，各检验结果均通过了 1% 的显著性水平检验，也说明应该拒绝空间杜宾模型能够转化成空间误差模型或者空间滞后模型的原假设。因此，选择空间杜宾模型为最优拟合模型。

表 4 - 3   各空间模型拟合结果

检验变量	地理邻接权重矩阵 W_1		经济距离权重矩阵 W_2	
	空间杜宾模型（随机效应）	空间杜宾模型（空间固定效应）	空间杜宾模型（时间固定效应）	空间杜宾模型（双固定效应）
Sigma^2	0.00	0.01	0.03	0.00
Log-Likelihood	473.87	487.11	174.80	544.71
R^2	0.98	0.99	0.93	0.99
Wald_spatial_lag	37.34 ***	92.24 ***	116.06 ***	21.53 ***
Wald_spatial_error	54.93 ***	38.02 ***	114.73 ***	27.98 ***
LR_spatial_lag	36.36 ***	89.47 ***	104.04 ***	21.09 ***
LR_spatial_error	51.44 ***	45.06 ***	106.41 ***	27.00 ***

注：***、**、* 分别表示在 1%、5% 和 10% 的显著性水平下通过检验。
资料来源：R 软件输出结果。

根据空间杜宾模型各效应下的 Sigma^2、R^2、Log-Likelihood 等统计量来判断基于不同权重矩阵下的最适应模型，拟合结果显示见表 4 - 3。检验结果表明，基于地理邻接权重矩阵 W_1，空间杜宾随机效应模型的 Sigma^2 值为 0.004，Log-Likelihood 值为 473.87，R^2 值为 0.98，拟合结果较好，是衡量地理位置邻近区域创业水平的经济增长效应的最适宜模型；基于创业水平的经济距离权重

矩阵 W_2，空间杜宾双固定效应模型的 Sigma^2 值为 0.004，Log-Likelihood 值为 544.71，R^2 值为 0.99，拟合结果最优，表明空间杜宾双固定效应模型对创业水平相近区域创业水平的经济增长效应描述最准确。

四、空间模型估计结果

基于地理邻接权重矩阵 W_1 下的空间杜宾随机效应模型和基于经济距离权重矩阵 W_2 下的空间杜宾双固定效应模型，分别构建区域经济增长与私营企业创业指数、个体户创业指数及五个控制变量（人均研发支出投入、物质资本存量、人力资本存量、人均技术市场成交额、对外开放程度）之间的回归模型（见表4-4）。

表4-4 空间杜宾模型回归结果

变量	地理邻接权重矩阵 W_1	经济距离权重矩阵 W_2
	（随机效应模型）	（双固定效应模型）
lnCPEA	0.040 *** (3.083)	0.051 *** (3.609)
lnIE	−0.004 (−0.436)	−0.008 (−0.867)
lnPR&D	0.063 *** (5.228)	0.072 *** (5.811)
lnMcapital	0.268 *** (9.280)	0.293 *** (7.778)
lnHcapital	0.406 *** (5.478)	0.430 *** (5.194)
lnPTT	0.035 *** (5.147)	0.036 *** (5.152)
lnOpen	0.029 ** (2.003)	0.057 *** (3.838)
W · lnCPEA	−0.016 (−0.605)	0.122 *** (3.597)

变量	地理邻接权重矩阵 W_1	经济距离权重矩阵 W_2
	（随机效应模型）	（双固定效应模型）
$W \cdot \ln IE$	0.055 *** (3.161)	0.016 (0.658)
$W \cdot \ln PR\&D$	0.050 ** (2.002)	0.036 (1.180)
$W \cdot \ln Mcapital$	−0.173 *** (−3.337)	−0.084 (−0.972)
$W \cdot \ln Hcapital$	0.180 (1.160)	0.370 (1.485)
$W \cdot \ln PTT$	0.032 ** (1.989)	0.005 (0.323)
$W \cdot \ln Open$	0.088 *** (3.172)	0.007 (0.170)
$sigma^2$	0.004	0.004
R^2	0.983	0.989
LogL	473.874	544.713

注：括号内为 t 检验值，*** 、** 、* 分别表示在1%、5%和10%的显著性水平下通过检验。
资料来源：R 软件输出结果。

　　表4-4中不同类型区域创业在不同空间权重下对经济增长的影响分析：基于地理邻接权重矩阵 W_1 和经济距离权重矩阵 W_2，私营企业创业指数的回归系数均为正，分别为0.040和0.051，且均通过了1%显著性水平下的检验；个体户创业指数回归系数为负，且不显著，说明不论在地理位置邻近区域还是创业水平相近区域，机会型创业均对区域经济增长具有显著的拉动作用；而需求型创业在一定程度上会制约区域经济发展，但这种负面影响并不明显。该结论与齐玮娜等[①]的实证研究结果相似，其认为个体户创业大多属于生存型的局部创业，对经济增长的贡献十分有限。

　　表4-4中各控制变量回归系数分析：在地理邻接权重矩阵 W_1 下，物质

---

① 齐玮娜，张耀辉. 创业、知识溢出与区域经济增长差异 [J]. 经济与管理研究，2014（9）：23 – 31.

资本存量（Mcapital）和人力资本存量（Hcapital）的回归系数分别为 0.268、0.406；而在经济距离权重矩阵 W_2 下，物质资本存量和人力资本存量的回归系数分别为 0.293、0.430。两种不同的权重矩阵模型下，人力资本存量的回归系数均最大，这说明随着社会现代化的发展，我国劳动力的受教育程度普遍提高，劳动力质量得到显著改善，有利于提升创业水平质量，从而显著促进经济增长；物质资本存量的回归系数次之，说明物质资本仍然是我国区域经济增长的重要推动力。人均研发支出投入（PR&D）、人均技术市场成交额（PTT）和对外开放程度（Open）三个变量在两个权重模型中的回归系数分别是 0.063、0.035、0.029 和 0.072、0.036、0.057。这说明增加 R&D 经费投入，提高区域对外开放水平，有利于推动地区经济增长。同时，技术交易作为连接科技与经济的关键纽带，有利于加速技术和劳动、资本等生产要素的融合，提高资源配置效率，促进经济发展。

表 4 − 4 中不同权重的空间杜宾模型比较分析：相比于地理邻接权重矩阵 W_1，基于经济距离权重矩阵 W_2 构建的空间杜宾模型的各变量回归系数值明显更高，且显著性水平也有所提升，说明在创业水平相近区域，各变量的变动对区域经济水平有较大影响。区位优势是区域经济增长过程中不可忽视的重要因素，由于地理位置邻近区域具有固定性，且各相邻地区间创业水平具有不一致性，难以形成创业机会及创业资源的有效共享。相对来说，基于创业水平相近区域之间的合作，充分利用区位优势，能够形成更多的内生性的技术进步；此外，营造良好的创新创业环境，能够吸引更多的外部资源流入，促进创新创业平台发展，更能增强经济发展的活力。

第三节　创业对经济增长的空间溢出效应

考虑到空间杜宾模型不能具体反映区域创业的溢出效应。因此，本节采用偏微分方法，将各溢出效应进一步分解为直接效应和间接效应，以便更加准确地度量创业在地区内与地区间对经济增长的不同影响。

一、空间溢出模型

在空间杜宾模型的基础上，对解释变量求偏微分的方法，将其对被解释变量的影响分解为直接效应和间接效应，以便更加准确地度量创业在区域内部与区域之间对经济增长的影响。根据式（4-15）进行简单的矩阵变换，得到如下结果：

$$(I - \rho W)Y = X\beta + \delta WX + \varepsilon \qquad (4-15)$$

求解被解释变量 Y 关于第 k 个解释变量 X_k 的偏导数，得到偏微分方程如下：

$$\left[\frac{\partial Y}{\partial X_{1k}} \frac{\partial Y}{\partial X_{2k}} \cdots \frac{\partial Y}{\partial X_{nk}} \right] = (I - \rho W)^{-1} \begin{bmatrix} \beta_k & w_{12}\delta_k & \cdots & w_{1n}\delta_k \\ w_{21}\delta_k & \beta_k & \cdots & w_{2n}\delta_k \\ \vdots & \vdots & \ddots & \vdots \\ w_{n1}\delta_k & w_{n2}\delta_k & \cdots & \beta_k \end{bmatrix} \qquad (4-16)$$

式中，矩阵 $\begin{bmatrix} \beta_k & w_{12}\delta_k & \cdots & w_{1n}\delta_k \\ w_{21}\delta_k & \beta_k & \cdots & w_{2n}\delta_k \\ \vdots & \vdots & \ddots & \vdots \\ w_{n1}\delta_k & w_{n2}\delta_k & \cdots & \beta_k \end{bmatrix}$ 对角线元素均值即为解释变量 X_k

的直接效应，用以表明 X_k 对本地区 Y 的平均影响；而除对角线以外其他元素的均值即为 X_k 的间接效应，用以表明 X_k 对其邻近地区 Y 的平均影响。因此，总效应可以认为是直接效应与间接效应两者之和，说明 X_k 对所有地区 Y 的平均影响。[1]

二、空间溢出效应分解

对基于地理邻接权重矩阵 W_1 建立的空间杜宾随机效应模型和基于经济距离权重矩阵 W_2 建立的空间杜宾双固定效应模型分别求偏微分，对空间溢出效应进行分解，结果见表4-5。

（一）直接效应

基于地理邻接权重矩阵和经济距离权重矩阵，区域内私营企业创业指数（CPEA）对经济增长溢出效应均显著为正，分别为 0.039 和 0.053；个体户创业指数（IE）对经济增长溢出的直接效应为负，但不显著。说明机会型创业会促进区域内部经济增长，而需求型创业对区域内部经济增长可能具有一定的消极影响。

---

① Lesage J P, Pace P K. Introduction to spatial econometrics [M]. Introduction to spatial econometrics. CRC Press, 2009.

表4－5 空间溢出效应模型

	空间杜宾随机效应模型（W₁）			空间杜宾双固定效应模型（W₂）		
	变量	系数	P 值	变量	系数	P 值
直接效应	lnCPEA	0.039 ***	0.005	lnCPEA	0.053 ***	0.001
	lnIE	− 0.001	0.970	lnIE	− 0.007	0.400
	lnPR&D	0.066 ***	0.000	lnPR&D	0.072 ***	0.000
	lnMcapital	0.264 ***	0.000	lnMcapital	0.293 ***	0.000
	lnHcapital	0.421 ***	0.000	lnHcapital	0.432 ***	0.000
	lnPTT	0.038 ***	0.000	lnPTT	0.036 ***	0.000
	lnOpen	0.035 **	0.022	lnOpen	0.058 ***	0.001
间接效应	lnCPEA	− 0.008	0.817	lnCPEA	0.134 **	0.001
	lnIE	0.068 ***	0.005	lnIE	0.016	0.549
	lnPR&D	0.080 **	0.013	lnPR&D	0.044	0.185
	lnMcapital	− 0.137 **	0.035	lnMcapital	− 0.070	0.441
	lnHcapital	0.343 *	0.081	lnHcapital	0.440	0.115
	lnPTT	0.049 **	0.028	lnPTT	0.009	0.615
	lnOpen	0.120 ***	0.002	lnOpen	0.011	0.810
总效应	lnCPEA	0.031	0.446	lnCPEA	0.187 ***	0.000
	lnIE	0.068 **	0.011	lnIE	0.009	0.768
	lnPR&D	0.147 ***	0.000	lnPR&D	0.117 ***	0.004
	lnMcapital	0.128 *	0.080	lnMcapital	0.222 **	0.036
	lnHcapital	0.765 ***	0.001	lnHcapital	0.871 ***	0.007
	lnPTT	0.087 ***	0.002	lnPTT	0.044 **	0.027
	lnOpen	0.155 ***	0.001	lnOpen	0.069 *	0.085

注：***、**、* 分别表示在1%、5%和10%的显著性水平下通过检验。
资料来源：R 软件输出结果。

在控制变量中，在地理邻接地区，人均研发支出投入、物质资本存量、人力资本存量、人均技术市场成交额和对外开放程度对经济增长的直接效应均显著为正，分别为0.066、0.264、0.421、0.038和0.035；在创业水平相近区域，各控制变量系数值分别为0.072、0.293、0.432、0.036和0.058，且显著性水平均为1%，说明这些因素对区域内部经济增长具有显著促进作用。物质资本存量和人力资本存量系数值明显高于其他变量，说明我国经济增长的动力主要来源于人力与物力资本投入，劳动力质量水平提高有助于促进我国劳动要素投入向人力资本要素投入转变，更好地发挥高质量人才在经济增长过程中的作用。此外，随着我国生产方式的不断变革，地区经济发展将更多依赖于技术改造与技术革新。因此，由研发活动带来的技术进步将对经济增长发挥越来越大的作用。

（二）间接效应

在地理位置邻近区域，私营企业创业指数系数为负，但不显著；个体户创业指数系数显著为 0.068。在创业水平相近区域，私营企业创业指数系数显著为 0.134；个体户创业指数系数为正，但不显著。这说明，机会型创业会促进创业水平相近区域的经济增长，但可能抑制地理位置邻近区域的经济增长，而需求型创业对地理位置邻近区域的经济增长具有显著促进作用，但在创业水平邻近地区溢出效应不显著。

在控制变量中，在地理位置邻近区域，人均研发支出投入、人力资本存量、人均技术市场成交额和对外开放程度区域间溢出效应均显著为正，分别为 0.080、0.343、0.049 和 0.120，而物质资本存量系数值为 -0.137，说明本地区物质资本投入会抑制地理邻近地区经济增长，而其余变量的溢出效应均对相邻省份生产率提高具有促进作用。例如，本地区 R&D 投入量与技术市场成交额增加，有利于提高地理邻近区域技术水平，进而促进地区生产率提升。此外，人力资本存量系数值相应较大，说明人力资本作为知识和技术的载体，流动性较强，可以通过多种方式作用于经济增长，因此与其他变量相比，人力资本存量溢出效应最大，对邻近空间的经济增长具有更为显著的促进作用。在创业水平邻近地区，控制变量系数均不显著，说明创业水平邻接地区各变量对地区间经济增长的影响不显著，由此表明地理区位特征对经济增长的溢出效应高于创业水平因素，生产要素投入对地理区位的依赖性更强。这可能是因为，尽管区域间互动不断增强，但受限于行政体制以及税收、财政等诸多障碍，区域间市场壁垒仍然存在，区域协作多局限于相邻地理区域间。

第四节　本章结论

本章利用我国 2005 ~ 2017 年的省级面板数据，基于不同类型的空间权重矩阵，分别构建区域创业与经济增长之间的空间杜宾模型以及溢出效应分解模型，对区域创业、空间溢出与经济增长之间的作用效应进行实证研究，主要结论如下。

（1）我国区域经济水平在空间上呈现集聚状态和空间依赖性。区域创业对经济增长的空间回归结果表明，不论在地理位置邻近区域还是创业水平相近区域，机会型创业均对区域经济增长具有显著的拉动作用，而需求型创业在一定程度上会制约区域经济发展，但这种负面影响并不明显。造成这一现象的原因可以从两个方面来看：一是由于需求型创业的规模较小，其创业的动因主要是解决个人就业问题，所以对经济增长起到的促进作用有限；二是由于个体户创业成本低，对创业者与创业技术要求低，以模仿型创业为主，容易造成过多的"错误进入"，扰乱市场，从而不利于区域经济的增长。

（2）区域创业对经济增长的空间溢出效应表明，机会型创业会促进该区域内部的经济增长，地理位置邻近区域的机会型创业可能会抑制其他相邻区域的经济增长，创业水平相近区域的机会型创业会促进其他相邻区域的经济增长；需求型创业可能会抑制该区域内部的经济增长，对创业水平邻近地区的溢出效应不显著，但却会显著促进地理位置邻近地区的经济增长。这是由于随着我国互联网技术的迅速发展和轨道交通的普及，地理位置不再是制约技术与知识主要因素，从而使得在创业水平邻近的地区更容易形成技术上的交流与模仿，有利于给邻近地区生产率水平的提高起到示范效应。而本省创业水平的提高，同时也会导致地理邻近省份部分生产要素的内流，放缓相邻省份经济增长。进一步说明，高质量创业集聚区的涌现，能够有效发挥国家"双创"示范基地的优势，形成资源共享，有利于构建良好的创新创业平台，对创业水平相近区域间的经济增长产生显著的正向作用。

（3）在控制变量中，人力资本存量、物质资本存量、人均研发支出投入、人均技术市场成交额、对外开放程度均对促进区域经济增长具有积极作用。且不论在地理位置邻近区域还是创业水平相近区域，人力资本存量系数相对更大，对该区域内及区域间的经济增长的促进作用最强，溢出效应最大。这表明随着知识经济的到来，人们对教育事业重视程度的增加，使得我国人力资源的质量得到了显著改善，在推动我国经济增长过程中扮演越来越重要的角色。增加 R&D 经费投入、提高区域对外开放水平有利于推动地区经济增长，同时，技术交易作为连接科技与经济的关键纽带，有利于加速技术和劳动、资本等生产要素的融合，提高资源配置效率，促进经济发展。

第五章
创业影响经济增长收敛性分析

作为实现知识商业化的重要方式之一，创业在一定程度上体现地区的技术水平及创新能力，是实现区域经济增长的主要驱动之一。从本书第四章研究结果也可以发现，机会型创业活动和生存型创业活动均会促进本地区经济发展水平，且不论在地理邻接地区还是经济水平邻近地区，机会型创业的间接效应均显著为正，即创业会促进邻近地区经济增长。那么，区域创业活动在提高经济增长的同时，是否有利于缓解地区经济差异，成为落后地区追赶发达地区的一种有效方式，以及促进区域经济协同发展的途径？本章尝试构建经济增长收敛模型，从不同时段、不同地区的角度，对比分析各地区创业活动在不同发展阶段对经济增长收敛的影响，为推进区域均衡发展提供事实依据。

第一节 β 收敛模型

β 收敛是指初始人均收入较低的地区有着更高的经济增长率，根据收敛条件可分为绝对 β 收敛（Absolute β-Convergence）和条件 β 收敛（Conditional β-Convergence）两种。

一、绝对 β 收敛模型

绝对 β 收敛是指无论经济体的初始条件（自然资源、要素禀赋、经济区位、技术水平等）和结构体制如何，不同地区经济体的人均产出都收敛于相同的稳态水平。具体表现为贫穷经济体比富裕经济体拥有更快的增长速度，贫穷地区与富裕地区之间的差距缩小，最终达到相同的稳态水平，实现经济的均衡与稳定发展。

将人均产出在其稳态附近大体呈对数线性形式展开，得到绝对 β 收敛检验方程：

$$\frac{1}{T-t}\ln\left(\frac{PGDP_{iT}}{PGDP_{it}}\right) = B - \frac{1-e^{-\beta(T-t)}}{T-t}\ln PGDP_{it} + \varepsilon_{it} \qquad (5-1)$$

式中，B 为常数项，i 代表地区单元，$PGDP_{it}$ 表示期初经济发展水平；$PGDP_{iT}$ 表示期末经济发展水平，T–t 为整个时间跨度；β 为收敛速度系数，表示期初值 $PGDP_{it}$ 以怎样的速度接近稳态的经济值 $PGDP_t^*$，稳态值对于所有区域来说都是相同的，ε_{it} 为随机误差项。当 β 值显著为正时，意味着初始经济发展水平较低的地区比初始经济水平较高的地区增长更快，从而区域差异形成收敛趋势，且 β 值越大收敛速度越快。当 T = t + 1 时，式（5–1）可简化为：

$$\ln\left(\frac{PGDP_{iT}}{PGDP_{it}}\right) = B + \sigma\ln PGDP_{it} + \varepsilon_{it} \qquad (5-2)$$

二、条件 β 收敛模型

条件 β 收敛指不同经济体在市场和体制政策方面具有类似的结构特征，长期内人均产出路径将收敛于自身的稳态水平而非相同的稳态水平。条件收敛意味着各个经济体收敛于各自的稳态，而各个经济体的稳态是不一样的，因而不平等现象会依然存在，即使长期看来也不会消失，并且各个经济体会依然保持自己的相对地位，即富裕地区依然富裕，而贫穷地区依然贫穷。条件收敛模型是在绝对收敛模型基础上引入影响收敛状态的因子向量，如果收敛参数 β 为负，则说明经济体随时间推移在统计上收敛，反之则发散。在实际研究过程中，并非所有地区的经济水平会趋于同一水平，存在初始经济水平越高的地区经济增长速度越快的情况，这是因为不同的国家或地区其经济结构可能不同，使得不同经济体也表现出不同的增长路径和稳态水平（Solow，1956）。考虑到影响经济增长收敛的因素不仅仅限于初期经济发展水平，还会受到资本投入量、技术水平等因素的影响，故在绝对 β 收敛模型中增加一些控制变量，构建条件 β 收敛模型，存在条件收敛的各经济体将收敛于自身的稳态水平，即当经济体距离自身稳态水平越远，经济增长速度就相对越快（马瑞永，2006）。

本书主要研究创业活动对经济增长收敛的影响，因此选择创业变量作为控制变量，在式（5–2）中引入机会型创业（CPEA）和生存型创业（IE）指标，构建条件 β 收敛模型如下：

$$\ln\left(\frac{PGDP_{iT}}{PGDP_{it}}\right) = B + \sigma\ln PGDP_{it} + \sigma_1\ln CPEA + \sigma_2\ln IE + CX_{it} + \varepsilon_{it} \quad (5-3)$$

式（5-3）中，σ_1 和 σ_2 分别表示机会型创业和生存型创业对经济增长的贡献，X 为其他控制变量，其余变量含义与式（5-2）保持一致。同样，令 $\beta = -\ln(1+\sigma)$，β 为条件收敛速度，受初始经济水平及控制变量的共同作用。

第二节 不同时期收敛模型

2014 年 9 月，时任总理李克强在达沃斯论坛上公开发出"大众创业、万众创新"的号召，几个月后，国务院又将其写入 2015 年政府工作报告，一系列促进"双创"发展措施的实施，极大地促进了创业水平的提升。"双创"政策的实施，是否会导致创业对经济增长收敛性的影响产生一定差异？为了研究这个问题，本节依据均衡性的原则，将研究时间进一步划分为 2005~2008 年、2009~2013 年和 2014~2018 年三个时间段，分别考虑不同时期创业对经济增长收敛性的作用效果和程度。

一、经济增长绝对收敛模型

以 2005~2008 年、2009~2013 年、2014~2018 年三个时间段以及 2005~2018 年整个研究期为对象构建创业对经济增长的绝对收敛模型，四个模型中只有 2014~2018 年模型的 Hausman 检验结果不显著，故使用随机效应模型；其余模型均在 1% 的显著性水平通过 Hausman 检验，故使用固定效应模型。

由表 5-1 收敛模型的结果表明，在整个样本期间（2005~2018 年），模型绝对收敛系数为 -0.0916，且在 1% 水平显著，表明经济水平越低的省份，经济增长速度越快，最终各省份经济水平将逐渐趋向于同一水平。从不同时段来看：2005~2008 年和 2009~2013 年，模型收敛系数分别为 -0.1558 和 -0.2176，均显著，表明此时经济发展表现出较好的绝对收敛特征，相比经济水平较高的地区来说，落后地区的经济增长速度相对更快，最终经济将趋于同一水平；而在 2014~2018 年，模型收敛系数为负但不显著，说明该阶段经济增速与初始经济水平的反向变动关系不显著，不存在收敛特征。

表 5 - 1 分时段经济增长绝对收敛模型

变量	2005~2018 年	2005~2008 年	2009~2013 年	2014~2018 年
C	1.0135*** (3.61)	1.6264** (2.67)	2.3262*** (3.02)	0.1282 (0.89)
lnGDP (-1)	-0.0916*** (-3.13)	-0.1558** (-2.44)	-0.2176*** (-2.84)	-0.0079 (-0.57)
Hausman	65.47***	27.91***	98.23***	2.17
R^2	0.6364	0.5149	0.8558	0.0273
收敛速度 β	0.0960	0.1693	0.2454	0.0079
半衰期	7.2181	4.0934	2.8249	87.4043

注：***、**、*分别表示在 1%、5% 和 10% 的显著性水平下通过检验。
资料来源：R 软件输出结果。

从经济增长的收敛速度看，整个研究期间，我国经济增长收敛速度为 0.0960，半衰期为 7.2181，即消除地区经济差距大约需要 14.4 年。从各阶段经济增长收敛情况看，收敛速度表现出先升后降的趋势，2005~2008 年我国经济增长收敛速度为 0.1693，2009~2013 年收敛速度最快，高达 0.2454，而在 2014~2018 年，绝对收敛不显著，且收敛速度显著下降，此时缩小地区间经济差距的一半大约需要 87 年。

二、经济增长条件收敛模型

为了进一步探究创业对经济增长收敛的影响，在模型中引入创业变量，构建条件收敛模型。创业仍旧以私营企业创业指数和个体户创业指数来衡量，出于稳健性考虑，本书还选择了其他控制变量，变量描述同前文，模型拟合结果如表 5 - 2 所示。

在不考虑创业因素的情况下，模型检验结果表明，整个研究期的 Hausman 检验为 -417.76，参考大多数学者的处理方案及出于固定效应模型更加贴合实际的考虑，决定使用固定效应模型；而其余研究期的 Hausman 检验均显著，分别为 611.53、4057.93 和 37.97，故选用固定效应模型。模型的估计结果表明，整个研究期间（2005~2018 年）的收敛系数为 -0.0408，但不显著，即不存在条件 β 收敛特征。分时段看，各模型的收敛系数值均显著为负，分别为 -0.2433、-0.1402 和 -0.5065，表明我国经济增长存在着显著的条件 β 收敛，尤其是在 2014 ~ 2018 年收敛速度最快（0.7062），半衰期为 0.9815。

表 5 – 2　　　　　　　　　　　分时段经济增长条件收敛模型

变量	不考虑创业因素				考虑创业因素			
	2005 ~ 2018 年	2005 ~ 2008 年	2009 ~ 2013 年	2014 ~ 2018 年	2005 ~ 2018 年	2005 ~ 2008 年	2009 ~ 2013 年	2014 ~ 2018 年
C	1. 3712 *** (8. 82)	1. 1479 (1. 3)	2. 6501 *** (19. 63)	2. 2885 * (1. 70)	1. 5359 *** (8. 05)	0. 5214 (0. 65)	2. 7143 *** (14. 3)	2. 9471 ** (2. 36)
lnGDP (– 1)	– 0. 0408 (– 2. 40)	– 0. 2433 *** (– 3. 81)	– 0. 1402 *** (– 2. 83)	– 0. 5065 *** (– 3. 53)	– 0. 0269 (– 1. 49)	– 0. 2983 *** (– 5. 33)	– 0. 1438 *** (– 3. 04)	– 0. 4860 *** (– 3. 82)
lnCPEA	–	–	–	–	0. 0137 ** (2. 5)	– 0. 0183 (– 1. 3)	0. 0078 (0. 59)	0. 0352 * (1. 76)
lnIE	–	–	–	–	– 0. 0099 * (– 1. 99)	0. 0145 *** (4. 42)	0. 0033 (0. 14)	0. 0018 (0. 07)
Hausman	– 417. 76	611. 53 ***	4057. 93 ***	37. 97 ***	32. 79 ***	796. 49 ***	525. 61 ***	20. 52 ***
R^2	0. 5158	0. 5043	0. 8445	0. 3075	0. 5237	0. 5397	0. 8463	0. 3336
收敛速度 β	0. 0417	0. 2788	0. 1511	0. 7062	0. 0273	0. 3542	0. 1553	0. 6655
半衰期	16. 6399	2. 4863	4. 5887	0. 9815	25. 4194	1. 9567	4. 4647	1. 0415

注：考虑篇幅原因，此处略去除创业外的其他控制变量系数结果。*** 、** 、* 分别表示在 1%、5% 和 10% 的显著性水平下通过检验。

资料来源：R 软件输出结果。

引入创业因素以后的模型估计结果表明，经济增长收敛情况发生一定变化。在研究期 2005 ~ 2018 年，模型收敛系数为负仍不显著，故不存在收敛特征。私营企业创业的系数显著为 0. 0137；个体户创业的系数显著为 – 0. 0099，说明在整个研究期，机会型创业对经济增长具有显著推动作用，而生存型创业对经济增长则有抑制作用。[①]

分时段来看，三个阶段的收敛系数均显著为负，表现出条件收敛特征，其中 2005 ~ 2008 年和 2009 ~ 2013 年两个时间段的收敛速度进一步加快，分别为

---

① 这一结论与齐玮娜等《创业、知识溢出与区域经济增长差异》一文的结论一致。

0.3542 和 0.1553，说明区域创业整体上对缩小我国省际经济差异具有积极意义，有助于促进相对落后的地区发挥后发追赶优势，为实现我国区域经济协调发展做出一定贡献。而在 2014~2018 年，创业变量的引入使得收敛速度小幅下降（由 0.7062 降至 0.6655），延缓了区域均衡发展进程，这主要是因为：虽然区域创业水平均有所提升，但是各省份之间创业活跃程度存在一定差异，致使创业发展较好的地区发展速度相对更快，从而延缓了我国整体经济增长收敛进程。

从估计模型的创业系数发现，在 2014~2018 年，私营企业创业系数为 0.0352 且在 10% 水平显著，而在其他两个阶段均不显著，这可能是因为 2014 年提出"双创"发展口号后，各省份创新能力大幅提升，机会型创业活动的数量和质量都得到了显著改善，使其在促进地区经济增长过程中发挥的作用逐渐增大。个体户创业系数在 2005~2008 年显著为 0.0145，而在其他两个阶段均不显著，说明在样本初期，生存型创业与我国经济增长率之间为正相关关系，有助于推动我国经济增长，但这种促进作用随后逐渐变小，这主要是因为生存型创业规模相对小，且随着市场竞争越发激烈，创新型企业占据了绝大部分市场，使得个体户盈利能力相对降低，故对经济的促进作用也不断减小。

第三节 八大经济区收敛模型

我国创业活动基本呈现由东向西依次递减的梯度差异特点，与经济发展的区域特征相吻合。因此，本节将从我国八大经济区的视角出发，探讨创业发展对经济增长收敛性的影响。

一、八大经济区绝对收敛模型

我国八大经济区的经济增长绝对收敛模型刻画了各经济区的收敛特征，模型估计结果如表 5-3 所示。

表 5 – 3   八大经济区绝对收敛模型

变量	东北地区	北部沿海	东部沿海	南部沿海	黄河中游	长江中游	西南地区	西北地区
C	1.8302 *** (4.24)	1.3694 *** (4.00)	0.8197 *** (5.82)	0.7132 *** (5.61)	1.7236 *** (3.69)	0.7370 (1.44)	0.6774 *** (7.35)	4.9065 *** (6.87)
lnGDP (−1)	− 0.1181 *** (− 4.00)	− 0.1175 *** (− 3.65)	− 0.0689 *** (− 5.32)	− 0.0605 *** (− 4.94)	− 0.1687 *** (− 3.40)	− 0.0635 (− 1.14)	− 0.0577 *** (− 5.97)	− 0.4741 *** (− 5.73)
Wald	117.80 ***	242.34 ***	0.49	2.83	66.69 ***	7.77 *	16.73 ***	5.57
Wooldriage	15.19 *	5.81 *	11.65 *	26.56 **	86.85 ***	26.21 ***	51.58 ***	18.76 **
B_P LM	7.06 *	21.09 ***	14.04 ***	8.63 **	10.70 ***	55.63 ***	25.12 ***	38.30 ***
Hausman	4.40	24.78 ***	0.35	2.52	6.93 **	7.50 ***	2.81	8.57 ***
收敛速度 β	0.1257	0.1250	0.0714	0.0624	0.1848	0.0656	0.0594	0.6426
半衰期	5.52	5.55	9.71	11.11	3.75	10.57	11.66	1.08

注：***、**、* 分别表示在 1%、5% 和 10% 的显著性水平下通过检验。
资料来源：R 软件输出结果。

依据模型估计结果可知，东北地区、东部沿海、南部沿海及西南地区的 Hausman 检验不显著，应使用随机效应模型，其余地区应使用固定效应模型。此外，东部沿海、南部沿海及大西北地区的 Wald 检验未通过，因此只需要控制残差项的相关性；而其余五大地区不管是异方差检验、组内自相关检验还是组间同期自相关检验，其结果都拒绝原假设，因此使用全面 FGLS 进行分析，以有效提高面板回归的一致性和有效性。

分地区经济绝对收敛模型估计结果可以看出，仅有长江中游地区绝对收敛系数不显著，表明该地区各省份间经济水平不存在显著的共同收敛，其余地区绝对收敛系数均在 1% 水平显著为负，表明随着经济的增长，各区域内部省份的经济差异将趋于一个共同水平。从收敛速度来看，各地区的经济增长收敛速度各不相同，其中西北地区的经济增长收敛速度最快，β 值为 0.6426，显著高于其他地区，这可能与该地区内所有省份所处的经济环境大致相同，经济水平趋同，收敛速度相对较快；黄河中游地区的收敛速度次之，值为 0.1848，消除区域内部经济差距的一半大约需要 3.75 年；西南地区收敛速度最慢为 0.0594，消除区域内部经济差距的一半大约需要 11.66 年。

二、八大经济区条件收敛模型

在绝对收敛模型中加入创业控制变量，构建条件 β 收敛模型，探究机会型创业与生存型创业对不同地区经济增长收敛性的影响，模型拟合结果如表 5 - 4 所示。

表 5 - 4　　　　　　　　　　八大经济区条件收敛模型

变量	不考虑创业因素							
	东北地区	北部沿海	东部沿海	南部沿海	黄河中游	长江中游	西南地区	西北地区
C	1.6667*** (3.60)	5.0803*** (6.09)	3.7800*** (5.12)	0.9752*** (6.49)	2.0829*** (10.96)	4.7226*** (7.86)	1.3174* (1.89)	0.9434*** (4.56)
lnGDP (-1)	-0.0395 (-0.5)	-0.1077*** (-3.17)	-0.1276*** (-3.59)	-0.0552** (-2.15)	0.0123 (0.55)	-0.1422*** (-4.93)	-0.0489 (-1.14)	-0.0936*** (-4.34)
Hausman	3.22	29.77***	13.95**	3.08	6.57	14.24**	21.32***	2.62
Wald	206.08***	29.91***	6.40*	0.40	12.15**	54.52***	90.86***	13.24***
Wooldriage	19.797**	0.146	1.213	6.523	19.021**	22.515**	10.179**	6.363
B_P LM	2.13	11.60*	10.66**	3.88	6.10	11.23*	16.49*	17.50***
收敛速度 β	0.0403	0.1140	0.1365	0.0568	-0.0122	0.1534	0.0501	0.0983
半衰期	17.20	6.08	5.08	12.21	-56.70	4.52	13.83	7.05
变量	考虑创业因素							
	东北地区	北部沿海	东部沿海	南部沿海	黄河中游	长江中游	西南地区	西北地区
C	1.9892*** (4.41)	4.6787*** (5.39)	4.6610*** (6.82)	0.9882*** (6.00)	2.4252*** (8.85)	5.4227*** (8.21)	1.2878* (1.64)	0.6870*** (3.11)
lnGDP (-1)	-0.1438* (-1.81)	-0.1944*** (-3.06)	-0.1423*** (-3.82)	-0.0847*** (-2.95)	-0.0033 (-0.15)	-0.2056*** (1.45)	-0.0328 (-0.65)	-0.0924*** (-3.57)
lnCPEA	-0.0439 (-1.26)	-0.0271* (-1.94)	0.0235*** (2.65)	0.0050 (-0.46)	0.0302** (2.23)	-0.0346 (-1.58)	-0.0066 (-0.49)	-0.0257** (-2.23)
lnIE	0.0926*** (2.65)	0.0266 (1.54)	-0.0049 (-0.39)	0.0399* (1.67)	-0.0131 (-1.52)	0.0108 (0.65)	0.0303 (0.39)	0.0604** (2.42)
Hausman	2.16	24.28***	14.10*	4.63	4.86	13.43*	13.68*	5.51

变量	考虑创业因素							
	东北地区	北部沿海	东部沿海	南部沿海	黄河中游	长江中游	西南地区	西北地区
Wald	72.67***	34.33***	6.27*	0.26	10.35**	90.27***	76.02***	10.83**
Wooldriage	7.501	0.445	1.926	5.511	6.583*	20.532**	9.317**	13.841*
B_P LM	3.18	8.98	13.05**	7.22*	4.40	8.34	13.67	9.50
收敛速度 β	0.1553	0.2162	0.1535	0.0885	0.0033	0.2302	0.0333	0.0970
半衰期	4.46	3.21	4.52	7.83	209.70	3.01	20.78	7.15

注：考虑篇幅原因，此处略去除创业外的其他控制变量系数结果。***、**、* 分别表示在1%、5%和10%的显著性水平下通过检验。

资料来源：R软件输出结果。

由表5-4模型拟合结果可知，在不考虑创业因素的情况下，东北地区、黄河中游和西南地区的收敛系数均不显著，说明区域内部的经济发展差距没有明显的收敛趋势，其余地区收敛系数显著为负，说明对这五个地区而言，各区域内经济增长速度与其初始水平负相关，表现出良好的收敛特征。

引入创业变量以后，黄河中游及西南地区的收敛系数仍不显著，说明创业活动对缩小这两个地区内经济增长差距的能力有限，无法独立作为促进地区经济均衡发展的有效手段。值得注意的是，黄河中游地区私营企业创业系数为0.0302，说明机会型创业会对该地区人均GDP增长产生显著的正向影响；而在西南地区，两种创业活动对地区经济增长的影响皆不显著。

东北地区在不考虑创业因素时收敛系数不显著，而在考虑创业因素后，收敛系数为 -0.1438 且显著，说明创业是促进该地区经济增长收敛的有效控制变量。从创业类型来看，机会型创业的影响不显著而个体户创业系数显著为0.0926，且相比于其他地区，系数更大，说明生存型创业促进东北地区经济增长所起的作用相对较大。

北部沿海地区在引入创业变量后，地区年均经济增长收敛速度从11.40%增至21.62%，半衰期缩短2.87年，说明创业有助于缩小该地区内部经济差距，推进区域经济均衡发展。私营企业创业指数系数值为 -0.0271 且显著，说明机会型创业与北部沿海地区经济增长率具有反向关系，不利于提高地区经济增长速度；而个体户创业系数不显著，说明生存型创业对提高地区经济增长速度的作用有限。

东部沿海地区在引入创业变量后，地区经济增长收敛速度小幅提升，从

13.65%上升到15.35%。私营企业创业系数为0.0235且显著，说明机会型创业对东部沿海地区经济增长具有积极意义，这可能是因为上海、江苏、浙江三个地区在地理位置上毗邻，更容易形成知识溢出与技术交流，机会型创业合作关系密切，有助于推进区域内经济协同发展；但生存型创业对地区经济增长的影响并不显著。

南部沿海地区在考虑创业因素后，经济增长收敛速度略微有所提升，从5.68%上升到8.85%，说明创业活动会促进发展相对落后地区发挥追赶优势，推进区域内部经济协同发展，其中生存型创业活动系数为0.0399且显著，是影响经济增长的重要因素，而机会型创业对经济的作用效果并不显著。

长江中游地区在考虑创业因素后，地区经济增长收敛速度从15.34%增加至23.02%，从创业系数来看，两种创业活动对地区经济增长率的影响效果均不显著，这可能是因为中部各省份虽然存在一定规模的创业但其创业质量不高，经济效益较低，导致其未能显著提高区域经济整体的增长速度。

西北地区在考虑创业因素后，收敛速度略微下降，从9.83%下降到9.70%，这主要是因为地区内各省之间的创业环境有较大差距，创业发展较好地区的发展速度相对更快，从而延缓了西北地区经济发展收敛进程。从两类创业活动来看，私营企业创业系数显著为-0.0257，说明其与地区经济增长率具有负相关关系，这主要是创新能力不足、机会型创业质量不高从而经济效益相对较低所致；个体户创业系数为0.0604且显著，说明生存型创业有助于提升地区经济增长率，这可能归因于国家不断深入推进的西部大开发战略使得地区基础设施条件得到了有效改善，个体户创业数量大幅增加，从而经济发展水平也得到显著的提高。

第四节 本章结论

探索近14年来我国经济增长的收敛情况，以及创业对经济增长收敛性的影响，分别从时间和空间两个维度，讨论了四个时间段和八大经济区的经济增长绝对收敛和条件收敛情况，得到如下结论。

（1）时间维度的绝对收敛模型表明，在整个样本期间，经济发展具有收敛性，即经济水平越低的省份，经济增长速度越快，最终各省份经济水平将逐渐趋向于同一水平，消除地区经济差距大约需要14.4年。从不同时段来看：2005~2008年和2009~2013年，经济发展表现出较好的绝对收敛特征，相比经济水平较高的地区来说，落后地区的经济增长速度相对更快，最终经济将趋于同一水平；而在2014～2018年，经济增速与初始经济水平的反向变动关系不显著，不存在收敛特征。各时间段经济增长收敛速度表现出先升后降的趋势，2009～2013年收敛速度最快，其次是2005～2008年，而在2014～2018年，绝对收敛不显著，且收敛速度显著下降，此时缩小地区间经济差距的一半大约需要87年。

（2）时间维度的相对收敛模型表明，在2005～2008年和2009～2013年两阶段，创业变量的引入使得经济增长收敛速度进一步加快，说明创业活动整体上对缩小我国省际经济差异具有积极意义，而在2014～2018年，创业变量的引入使得收敛速度小幅下降，延缓了区域协调发展进程，虽然我国创业水平均有所提高，但是各省份之间创业活跃程度存在一定差异，致使创业发展较好的地区经济发展速度相对更快，从而延缓了中整体经济增长收敛进程。此外，从创业活动类型来看，生存型创业在研究初期对地区经济增长的作用相对较大；而自2014年"双创"发展的战略目标明确后，各地区机会型创业活动数量、质量都得到了显著改善，对经济增长的促进作用逐步提升。

（3）空间维度的绝对收敛模型表明，研究期内除长江中游地区经济没有显著的收敛趋势外，其余七大经济区绝对收敛系数均显著为负，表明各区域内部的经济发展最终将趋于一个共同水平。从收敛速度来看，西北地区经济增长的收敛速度最快，显著高于其他地区，这可能与该地区内省份所处的经济环境大致相同，因此经济水平趋同，收敛速度相对较快；黄河中游地区的收敛速度次之，消除区域内部经济差距的一半大约需要3.75年；西南地区收敛速度最慢，消除区域内部经济差距的一半大约需要11.66年。

（4）空间维度的条件收敛模型表明，黄河中游地区及西南地区创业活动对缩小区域内经济差距的能力有限，无法独立作为促进地区经济均衡发展的有效手段；而在东北地区，在考虑创业条件后，经济发展呈现显著的收敛特征，可以认为创业是促进该区域经济增长收敛的有效手段；西北地区在考虑创业变量后，收敛速度呈现小幅下降，创业的差异化发展可能是导致西北地区经济收敛延缓的原因；其余四大地区在考虑创业因素后，经济增长收敛速度均小幅提升，说明创业活动有助于促进经济相对落后的地区发挥后发优势，推动区域内部经济均衡发展。

第六章
创业对就业的空间效应

就业是民生之本，我国政府一直高度重视就业问题。党的十六大首次将充分就业作为小康社会的重要指标；党的十七大提出了实施扩大就业的发展战略；党的十八大实施就业优先战略；党的十九大首次把就业优先政策置于宏观政策层面，这表明就业是关乎国计民生的大事。近年来，随着经济的新旧动能加快转换，就业增长逐渐由依赖经济增长拉动的被动型增长向以创业带动就业的主动型增长转型。创业活动的产生伴随着新创企业的建立，而新创企业的建立可以实现岗位创造，对就业量的增长具有直接影响。同时新创企业的建立推动了产品创新和新产业兴起，提供了新的市场需求和新的就业岗位。本章将从空间相关性的视角，研究创业对就业发展的影响。

第一节　就业水平统计测度

就业是衡量一个区域经济社会发展水平的重要标志之一。我国的就业问题不仅表现为宏观上的失业人数和失业率，而且也反映在区域就业分布的不平衡上。这种区域就业的差异已成为影响经济持续增长和社会稳定的因素。[①] 本节将对我国区域就业水平进行测度，探究研究期内就业的发展水平和区域差异，并与创业的区域差异进行对比，分析两者的相互关系。

一、各地区就业水平

本书以 30 个省份 2005～2018 年的数据为分析对象，分别计算私营企业就

---

① 朱金生，王鹤，杨丽. FDI 流动、区域差异与就业结构变迁 [J]. 软科学，2013（8）：127 - 131.

业水平和个体户就业水平，结果见表 6-1 和表 6-2。在研究期内，各省份就业发展状况基本呈增长态势，地区间就业发展差异显著，且私营企业就业人数较个体户就业人数差异更大。为更直观地观察各省份就业水平的差异，同时计算各地区私营企业平均就业水平和个体户平均就业水平。

（一）私营企业就业

历年平均私营企业就业人数最多的省份是江苏，为 1679.4 万人，其次为广东和浙江，分别为 1381.5 万人和 1135.8 万人，三个省份的平均就业人数都在千万以上；就业人数最少的三个省份分别是青海 32.6 万人、宁夏 49.1 万人和海南 74.1 万人，不足百万。这充分体现出各地区就业人口差异以及分布不均衡。长三角地区私营企业发展最快，企业数量最多，已形成了集聚效应，就业人数呈现逐年增长态势。以青海为代表的西部地区虽然有政策引导，但相较于东部地区环境更为艰苦，就业人数较少。

（二）个体户就业

历年平均个体户就业人数最多的省份是广东、山东和湖北，分别为 874.6 万人、708.4 万人和 599.6 万人。而天津、上海、海南、宁夏和青海个体户就业人数相对较少，分别为 52.9 万人、46.1 万人、50.1 万人、47.7 万人和 37.9 万人，均不足百万。总体上看，个体就业往往集聚在较大的城市，而中部和西部地区的就业人数较少。由于我国地区间经济环境因素差异较大，随着交通网络的建立，有更多的人愿意到东部地区寻找就业机会，这就导致各地区就业结构不均衡现象的出现和加剧。

研究期内私营企业就业人数主要分布在东部沿海地区，这也是我国经济相对发达的地区，平均就业人数基本在 500 万以上；以湖南、湖北和四川为代表的中部地区，就业人数平均在 300 万左右；山西、内蒙古、海南、新疆和东北地区的就业人数在百万左右。不同省份就业水平呈现出显著的空间集聚特征，适合进行空间相关性的研究。相比私营企业，个体户的就业分布比较分散，东部沿海的山东、江苏、浙江和广东、中部的湖北和西部的四川都分别集聚了 500 万左右的个体户从业人员。内蒙古、东北地区以及云贵川地区的个体户就业人数在 200 万左右，其他地区不足百万人。

表6-1　2005~2018年30个省份私营企业就业水平

单位：万人

省份	2005年	2006年	2007年	2008年	2009年	2010年	2011年	2012年	2013年	2014年	2015年	2016年	2017年	2018年	平均值
北京	294.5	328.6	295.4	335.5	366.2	411.9	447.8	485.6	527.9	725.6	848.6	951.3	1055	1124.0	585.6
天津	88.7	97.0	98.6	96.1	91.2	101.0	101.8	101.0	101.8	106.1	117.5	133.8	143.0	97.2	105.3
河北	241.7	249.0	259.5	281.5	262.1	214.3	236.8	250.4	204.3	206.3	244.9	300.8	343.3	384.4	262.8
山西	82.3	105.0	110.1	125.4	96.9	118.8	134.3	194.6	216.2	242.8	234.4	247.4	262.8	274.9	174.7
内蒙古	68.2	73.6	82.9	98.4	105.3	121.5	135.6	153.1	195.8	207.9	208.6	220.8	264.2	285.4	158.7
辽宁	252.1	277.8	288.7	289.0	337.6	371.1	402.6	421.6	435.7	483.7	344.8	355.5	443.0	471.8	369.6
吉林	88.0	77.1	82.6	99.8	106.8	140.1	151.3	166.1	199.0	222.5	244.3	239.8	266.2	292.3	169.7
黑龙江	95.2	102.8	117.0	141.5	149.2	190.5	192.8	217.1	217.3	175.3	47.3	58.5	68.0	75.1	132.0
上海	465.8	472.9	476.3	512.9	548.2	572.5	616.1	666.5	734.8	874.7	1031.0	1139.0	1285.0	1406.0	771.6
江苏	797.2	917.9	1066.0	1287.0	1368.0	1529.0	1592.0	1663.0	1919.0	1973.0	2093.0	2312.0	2461.0	2534.0	1679.4
浙江	534.8	601.3	759.1	757.5	798.5	870.6	958.0	986.9	1223.0	1346.0	1693.0	1765.0	1860.0	1747.0	1135.8
安徽	165.7	230.1	217.9	199.7	197.1	239.2	270.7	295.5	323.2	373.2	429.1	496.7	588.8	672.7	335.7
福建	134.7	163.0	202.6	232.2	267.9	301.5	354.9	393.9	419.1	476.6	568.7	713.6	835.0	997.2	432.9
江西	134.2	160.6	172.2	209.6	228.0	260.7	315.4	329.7	330.8	398.6	459.0	490.9	514.1	571.4	326.8
山东	444.1	507.6	522.7	500.6	573.0	647.7	701.8	755.4	792.6	926.1	1084.0	1298.0	1500.0	1699.0	853.8
河南	138.6	174.3	182.0	208.0	267.9	315.1	353.6	365.4	329.4	391.8	453.7	529.4	662.6	757.7	366.4
湖北	122.6	143.5	161.8	202.3	249.6	267.3	301.4	338.7	409.5	498.2	569.7	620.8	707.8	761.9	382.5
湖南	200.4	213.6	224.5	236.9	263.2	296.1	355.8	398.4	464.8	582.6	680.6	304.7	374.6	449.8	360.4

续表

省份	2005年	2006年	2007年	2008年	2009年	2010年	2011年	2012年	2013年	2014年	2015年	2016年	2017年	2018年	平均值
广东	526.1	652.6	750.3	802.3	857.2	851.9	977.1	1098.0	1218.0	1515.0	1867.0	2357.0	2754.0	3115.0	1381.5
广西	83.6	94.8	124.0	134.5	165.5	189.4	216.6	247.9	259.6	289.9	338.5	360.1	404.0	486.0	242.5
海南	36.1	39.7	48.4	40.5	45.2	52.9	61.8	70.0	94.4	94.8	110.3	104.4	107.7	130.5	74.1
重庆	105.4	109.2	135.8	163.6	186.9	201.4	292.3	370.6	449.5	560.5	684.2	786.1	864.4	952.4	418.7
四川	238.0	276.7	293.4	341.3	364.9	372.2	365.8	402.9	418.5	514.9	817.9	817.0	307.2	382.3	422.4
贵州	50.7	52.5	57.0	64.9	68.2	73.1	95.7	123.6	161.7	207.8	261.2	295.6	345.2	374.6	159.4
云南	109.2	110.1	143.2	178.8	199.3	227.6	270.0	294.7	322.0	367.8	334.4	379.7	405.5	419.7	268.7
陕西	154.5	156.7	158.3	152.7	215.6	229.2	180.9	186.5	217.0	237.0	173.5	183.6	206.3	318.0	197.8
甘肃	48.1	53.5	58.5	60.8	69.6	81.4	91.0	99.8	118.2	149.2	178.8	207.2	235.5	262.6	122.4
青海	27.9	35.2	36.6	30.8	31.2	34.2	35.6	37.6	26.1	27.5	24.7	29.7	36.3	43.2	32.6
宁夏	23.4	28.4	39.9	29.7	33.0	36.8	47.6	43.7	49.5	58.3	71.7	86.1	97.2	42.6	49.1
新疆	67.1	75.2	78.4	78.5	80.6	84.1	75.8	114.5	116.8	125.6	145.2	163.1	430.7	187.2	130.2

资料来源：各年统计年鉴数据。

表6-2 2005~2018年30个省份个体户就业水平

单位：万人

省份	2005年	2006年	2007年	2008年	2009年	2010年	2011年	2012年	2013年	2014年	2015年	2016年	2017年	2018年	平均值
北京	84.7	97.8	102.8	106.0	112.2	114.1	111.0	106.7	112.4	103.0	103.1	95.4	86.7	78.8	101.1
天津	25.5	25.8	36.7	33.2	36.2	39.6	43.6	47.1	50.5	57.6	66.6	75.9	94.4	108.2	52.9
河北	270.0	283.2	275.9	276.4	492.8	328.2	389.4	390.9	391.5	466.6	560.4	680.9	776.8	876.9	461.4
山西	82.3	89.5	120.6	133.8	153.4	171.6	183.6	191.6	209.1	229.1	262.9	306.0	329.2	367.9	202.2
内蒙古	82.3	87.8	93.6	109.8	128.9	137.3	165.9	207.8	271.7	314.8	303.4	304.5	324.4	303.7	202.6
辽宁	282.7	277.0	321.3	314.9	366.1	346.2	364.4	385.4	402.7	443.6	545.6	471.9	471.6	498.2	392.3
吉林	88.9	89.2	94.5	116.2	139.2	169.1	212.4	240.9	274.1	289.9	336.1	375.3	460.7	475.9	240.2
黑龙江	155.6	156.0	162.7	171.2	182.5	203.4	249.9	287.1	314.0	297.2	256.0	304.0	335.0	384.1	247.1
上海	34.3	35.1	36.1	37.4	40.8	43.7	44.6	45.5	46.6	49.7	52.5	55.2	59.4	65.1	46.1
江苏	321.2	301.3	307.5	344.6	408.9	475.5	533.0	570.4	624.2	642.5	697.8	801.9	933.4	1070.0	573.7
浙江	320.1	359.9	391.3	396.6	429.5	468.5	521.5	559.3	538.1	625.3	724.8	800.3	835.9	896.1	561.9
安徽	266.9	282.1	267.3	244.6	263.3	331.6	327.8	350.7	381.9	443.3	490.2	559.5	643.9	737.3	399.3
福建	89.9	94.0	104.1	128.2	175.8	183.3	228.4	258.9	221.2	280.1	344.7	435.7	463.5	968.8	284.0
江西	167.7	181.4	188.4	190.7	217.7	274.4	316.2	330.2	341.7	377.9	405.8	407.8	416.7	438.8	304.0
山东	364.9	386.9	399.8	410.0	466.7	537.0	579.0	619.6	709.8	831.3	958.7	1074.0	1220.0	1359.0	708.4
河南	274.2	281.8	294.6	302.6	348.0	385.2	449.3	500.1	400.5	502.4	541.3	645.4	758.8	881.3	469.0
湖北	228.8	230.4	251.8	281.3	327.9	364.9	477.7	572.9	746.5	946.1	959.9	944.4	985.5	1076	599.6
湖南	196.6	199.5	196.2	202.1	206.5	266.2	330.0	323.5	332.2	385.2	382.7	430.3	425.3	508.9	313.2

续表

省份	2005年	2006年	2007年	2008年	2009年	2010年	2011年	2012年	2013年	2014年	2015年	2016年	2017年	2018年	平均值
广东	489.6	536.4	605.5	658.0	696.2	688.9	693.8	711.2	822.3	1012.0	1154.0	1281.0	1426.0	1470.0	874.6
广西	163.6	173.3	189.7	206.6	218.5	223.1	217.2	229.7	249.2	281.1	307.9	343.3	383.4	435.9	258.8
海南	22.1	24.1	33.2	28.6	35.3	38.6	42.1	46.7	58.1	60.5	65.4	73.5	83.8	89.4	50.1
重庆	90.9	83.5	98.2	108.3	126.5	126.5	151.5	177.9	197.0	220.5	246.9	273.4	304.2	329.5	181.1
四川	250.6	299.2	313.8	326.1	363.4	392.8	429.2	481.2	536.5	468.8	527.1	588.9	658.6	746.9	455.9
贵州	59.7	69.4	76.8	80.2	88.6	95.5	120.1	152.8	185.2	220.8	253.5	288.7	324.2	352.9	169.2
云南	145.8	164.7	171.9	177.7	200.9	214.0	244.1	268.3	298.2	332.7	337.7	369.0	390.8	427.7	267.4
陕西	149.5	153.6	156.0	163.6	103.0	109.0	207.4	234.0	249.7	280.4	310.0	334.8	360.8	455.7	233.4
甘肃	56.0	57.5	63.4	75.5	87.9	96.1	114.9	126.1	145.6	169.3	191.6	208.2	295.3	213.0	135.7
青海	30.3	25.5	22.2	23.9	25.9	26.2	28.8	32.3	40.5	44.6	46.1	52.1	62.1	70.7	37.9
宁夏	18.6	22.5	24.8	27.8	36.2	44.2	47.5	55.2	46.4	56.4	64.3	66.6	74.9	82.5	47.7
新疆	75.9	77.7	78.9	82.3	86.3	90.5	95.8	97.2	110.3	123.8	149.1	171.5	195.3	221.5	118.3

资料来源：各年统计年鉴数据。

二、就业水平变化趋势

为刻画研究期内私营企业就业人数和个体户就业人数的变化趋势，本书以各地区 2018 年与 2005 年就业水平差值来表示其就业水平变化程度，结果见图 6-1。

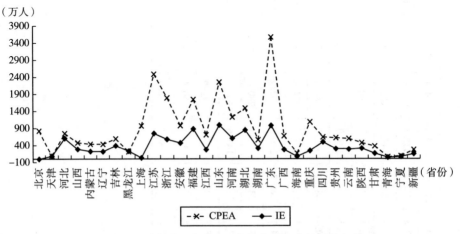

图 6-1　各地区私营企业和个体户就业人数增长规模
资料来源：各年统计年鉴数据。

如图 6-1 所示，相比于 2005 年，2018 年几乎所有省份（除黑龙江和北京）的私营企业就业人数和个体户就业人数基本呈现增长趋势。广东私营企业就业人数增长幅度最大，达到 2588.9 万人；江苏、山东和浙江的私营企业就业人数涨幅也较大，均在千万人以上，分别为 1736.8、1254.9 和 1212.2 万人。而天津、宁夏、青海和黑龙江增幅最小，不足百万人。个体户就业来说，山东就业人数增幅最大，达到 994.1 万人；广东、福建、湖北的个体户就业人数增长幅度较大，分别为 980.4、878.9 和 847.2 万人；上海和青海的增幅最小，北京甚至出现负增长。从发展趋势看，私营企业就业人数和个体户就业人数的变动仍是东南部地区增长幅度最大，中部地区次之，西部地区涨幅最弱。我国东部地区经济发达，产业结构以第三产业为主，工资水平较中西部地区高，能够吸引更多的劳动力人口迁移。

观察样本期内的数据可以发现，2003~2013 年黑龙江的私营企业就业人数持续增长，之后的 5 年就业人数急剧下滑，在 2018 年到达低点，相比期初减少了 20.1 万人；而自 2003 起，北京的个体户就业人数上涨，在 2010 年到达高点后下降，2018 年个体户就业人数较 2003 年减少 5.9 万人。结合前文对我国创业水平测度可以发现，黑龙江历年平均机会型创业水平处于较低水平且增长幅度较小，而北京生存型创业水平呈现负向变动，这可能是导致其就业水平下降的原因之一。

在样本期间内，我国各省份创业水平和就业水平持续上升，不论私营企业还是个体的历年平均创业水平和就业水平都大致呈现出"东—中—西"由高到低的阶梯式分布。同时，以黑龙江和北京为例，部分省份的当期创业水平出现负向变动后，与之相对应的是就业水平也在几期之后出现下降，说明创业水平的变动可能会对就业水平产生影响，且这个影响可能具有时滞性。为此，本书进一步开展了创业对就业水平影响效应的分析。

第二节 创业对就业影响因素分析

目前国内学者对创业和就业关系的研究正处于起步阶段，两者之间的关系在学术界尚存一些争议，部分研究表明失业刺激了创业活动；而部分研究表明较高水平的创业活动降低了失业率，增加了就业，即"熊彼特效应"。区域创业究竟如何影响就业，本节将通过对两种类型创业对就业的影响效应构建面板模型展开深入具体的分析。

一、指标选取

创业和就业活动是在一系列的环境背景下进行的，因此就业水平的变化还受到其他因素的影响，有必要将这些因素作为控制变量一同纳入模型中展开分析，以减少结果偏误。一般来说，影响就业的因素主要有以下几个方面。

工资增长率（WAGE）。古典模型理论认为工资水平提高将刺激就业，导致劳动供给量的增加、劳动需求量减少，而最终对就业水平的影响将取决于劳动供给和需求二者变化之间的差距。实证研究发现社会个体对工资收入的选择存在正向的偏差，同时工资收入对就业的影响存在不确定性，即工资水平的上升可能导致劳动力供给量的增加，也可能减少企业的雇佣人数（Rees et al.，1986）。而刘玉成等（2013）通过实证研究发现工资水平上升会对就业产生正向的影响。结合相关文献，本书选择工资增长率衡量区域工资发展水平。

固定资产投资变动率（INVT）。根据学者们的研究，区域固定资产投资对就业水平具有直接和间接影响。从直接影响来看，固定资产投资的扩张会提高全社会资本存量水平，当区域技术水平中性，且区域固定资产投资规模大于折旧时，大规模的持续性的固定资产投资会改变社会资本与劳动力之间的均衡关系，从而推动区域就业水平增长。从间接影响来看，从国民经济核算角度看，一个部门的固定资产投资的增加，会以乘数效应作用于其他部门，从而促进就业规模增加。本书选取全社会固定资产投资变动率作为固定资产投资发展水平的指标。

人口密度（POP）。人口集聚是促进区域就业水平发展不可忽视的条件，区域集聚水平的提升，满足创业及就业发展阶段的人力资本需要，推动创新创业资源的深度融汇，有利于促进市场规模的扩大，而以市场化进程为核心的经济体制转型为创业及就业活动提供了必要的外部环境保障。① 区域人口密度与多种区域内的因素具有相关性，例如基础通信设施、劳动力市场化水平、劳动力质量、产业结构、知识溢出水平等（Audretsch et al.，2002）。由于本书选取的创业水平和就业水平属于区域变量，为控制各省份的区位特征，避免选取因素较多导致的多重共线性，本书将选取人口密度作为控制变量。

经济水平（PGDP）。一部分观点认为国民经济水平与就业水平同步快速发展，两者相互促进，经济水平增长可能是促进劳动力就业的原因之一。而另一部分观点认为，经济水平高增长可能伴随高失业，经济增长与就业水平提升存在不同步的现象。② 以往学者均选取人均国民生产总值来表示经济水平，因此本书同样选取人均 GDP 作为经济水平代理指标。

外商直接投资水平（FDI）。外商直接投资对就业水平具有两方面的影响。一方面，外商以新设投资的方式进入国内，雇佣国内劳动力，创造就业机会，对国内就业水平发展具有积极影响；另一方面，外商投资进入国内，会对国内市场产生挤占效应，从而造成市场竞争，可能会导致就业人数的减少。沙文兵等对外商投资水平和就业水平之间的关系进行了实证研究，结果表明两者存在长期均衡关系③。本书以实际利用外商直接投资衡量该区域的外商直接投资水平，该指标能反映该区域的外商投资规模。

---

① 高同彪. 基于市场化程度视角的中国民营企业创业的区域性差异研究［J］. 社会科学战线，2014（4）：246－248.

② 陈莉花，叶成徽. 我国经济增长下的失业现状及成因实证分析［J］. 改革与战略，2011（8）：159－161.

③ 沙文兵，陶爱萍. 外商直接投资的就业效应分析［J］. 财经科学，2007（4）：112－117.

二、模型检验及预处理

本书选取 2005～2018 年的数据，数据来源于《中国统计年鉴》《中国科技统计年鉴》及各省份地方统计年鉴。本书对数据进行预处理，以 2005 年为基期对数据利用价格指数进行平减，使各年度数据具有可比性。同时，为消除异方差等因素，本书对各存量指标求取自然对数。对存在负值的创业水平指标，以对数模型变换作指标变换，其表达式为：

$$L(X) = sign(X) \times log(|X| + 1) \qquad (6-1)$$

式中，X 表示各变量。

（一）多重共线性检验

为判断变量间是否存在多重共线性，保证模型的拟合效果，需要进行多重共线性检验。表 6-3 显示了不同创业类型下各变量的 VIF 值都小于 5，说明变量之间不存在多重共线性。

表 6-3　　　　　　　　　　　多重共线性检验结果

机会型	CPEA	WAGE	INVT	POP	PGDP	FDI
VIF 值	3.71	1.16	1.56	1.05	4.52	1.68
1/VIF 值	0.27	0.86	0.64	0.95	0.22	0.59
生存型	IE	WAGE	INVT	POP	PGDP	FDI
VIF 值	1.22	1.12	1.51	1.10	2.27	1.69
1/VIF 值	0.82	0.90	0.66	0.91	0.44	0.59

资料来源：R 软件输出结果。

（二）面板模型检验

针对机会型创业和生存型创业的就业效应分别进行普通面板模型拟合检验，结果见表 6-4。为确定模型形式及回归参数形式，分别进行 Hausman 检验和 F 检验。结果显示 Hausman 统计值为 56.39 和 61.27，都通过了 1% 的显著性水平检验，故拒绝非观测效应与解释变量无关的原假设，说明固定效应模型优于随机效应模型，选择固定效应模型更为有效。执行似然比检验构建 F 统计量，结果显示 F 统计量值分别为 66.45 和 149.52，通过了 1% 的显著性水平检验，故拒绝固定效应多余的原假设，说明固定效应模型优于混合估计模型，即不论机会型创业还是生存型创业，其就业效应的普通面板模型拟合选择固定效应面板模型更为准确。

表 6－4   普通面板模型拟合检验结果

类型	Hausman 检验	F 统计量	Wald 检验	Wooldridge 检验
机会型	56. 39 ***	66. 45 ***	1289. 53 ***	33. 56 ***
生存型	61. 27 ***	149. 52 ***	6700. 59 ***	5. 45 **

注：*** 、** 分别表示在 1% 和 5% 的显著性水平下通过检验。
资料来源：R 软件输出结果。

由于面板数据存在截面数据的特征，需要考虑组间异方差，因此对面板数据又进行了 Wald 检验，统计量值分别为 1289. 53 和 6700. 59，都通过了 1% 的显著性水平检验，说明在固定效应下的面板数据存在组间异方差。由于本书所采用数据是全国数据，样本量为定值且存在时间趋势，在使用大样本理论时，时间 T 能趋于无限大，以总体分布判断，本书数据可以判断为"长面板"，且通过对面板数据进行 Wooldridge 检验，结果显示统计量值分别为 33. 56 和 5. 45，并通过了 1% 和 5% 的显著性水平检验，故拒绝数据不存在一阶自相关的原假设，说明数据存在显著组内自相关。为防止估计结果偏误，对面板数据选择消除组间异方差及组内自相关性的修正广义最小二乘法（FGLS）进行估计。

三、面板模型拟合

机会型创业就业效应模型和生存型创业就业效应模型的拟合回归结果如表 6－5 所示。结果显示，解释变量机会型创业的系数值显著为 0. 223，说明私营企业数每增加一个单位，私营企业就业人数会增长 0. 223 个单位；生存型创业水平系数值显著为 0. 018，说明个体户数每增加一个单位，个体就业人数会增长 0. 018 个单位。由此可见，私营企业创业对就业的带动作用较个体户强，这与高建等[1]对中国 2007 年的抽样调查结果相一致，尤其在未来 5 年，当前超过 80% 的生存型企业提供的工作岗位不超过 5 个，而在未来 5 年超过

① 高建，程源，李习保等. 全球创业观察中国报告（2007）——创业转型与就业效应 [M]. 北京：清华大学出版社，2008.

40%的机会型创业企业可以提供 20 个以上的就业岗位。

表 6 – 5   普通面板模型回归结果

机会型		生存型	
CPEA	0.223 *** (8.17)	IE	0.018 *** (2.80)
WAGE	− 0.096 (− 1.29)	WAGE	− 0.109 (− 1.18)
INVT	0.004 (0.06)	INVT	− 0.244 *** (− 3.19)
POP	0.049 ** (1.97)	POP	0.002 (0.08)
PGDP	0.550 *** (10.29)	PGDP	0.452 *** (8.16)
FDI	0.145 *** (8.41)	FDI	0.117 *** (5.93)
常数项	− 1.814 *** (− 3.97)	常数项	0.409 (0.81)

注：括号内为 t 检验值，*** 、** 分别表示在1%和5%的显著性水平下通过检验。
资料来源：R 软件输出结果。

控制变量中，人均 GDP 和外商直接投资水平对就业有显著性影响，在机会型创业就业效应下，系数分别为 0.550 和 0.145；在生存型创业就业效应下，系数分别为 0.452 和 0.117。以上数据说明区域经济水平越高，外商投资环境越好，新创企业越易生存，越能促进劳动力市场发展。

对于机会型创业就业效应而言，人口密度对区域就业效应具有正向的显著影响，其值为 0.049。作为与多种区域内的因素具有相关性的变量，人口密度的提升能够促进市场规模、产业结构、创新水平等相关因素的发展，从而创造新岗位。而对于生存型创业就业效应而言，固定资产增长率对区域就业效应具有负向的显著影响，其值为 − 0.244，说明在生存型创业条件下固定资产投资会抑制就业增长。宏观经济政策所引导的固定资产投资倾向于就业密集度较低的行业，导致固定资产投资对就业拉动能力降低。[①] 值得注意的是，工资因素对就业的影响不论在机会型创业还是生存型创业的模型中都没有表现出对就业的显著影响。

第三节 创业对就业的空间效应

已有研究中关于创业影响就业的关系主要集中在地区内部，而对地区间的关注较少。我国地大物博，幅员辽阔，各个地方的自然条件和物产资源都存在较大差异，区域创业发展水平在不同地区表现出显著差异，从而导致对就业的影响也有所不同。因此，有必要从空间相关性的视角，对创业带动就业的效应展开分析。在此背景下，本节将基于全国和东部、中部、西部四个区域构建空间计量模型，分析区域创业活动对就业产生的空间相关性和溢出效应。

一、创业的就业空间模型构建

计量经济学中经典普通面板模型具有严格的假设前提，如被考察样本具有独立同分布性和空间均质性等。在应用最小二乘法进行参数模拟时，也常常忽略残差项的空间相关性特征，从而导致模型估计结果存在一定的偏误。随着空间经济学的快速发展，考虑空间相关性，将定量化的空间结构加入计量模型，通过构建空间计量模型观察数据之间存在的空间依赖性成为目前面板模型研究的主要内容。考虑地区就业存在的空间依赖性，本节将对 2003～2018 年 30 个省份创业对就业的影响构建空间计量模型展开分析。

（一）空间自相关性检验

对研究期内私营企业就业和个体户就业进行空间自相关性检验，判断空间依存程度，诊断结果的全局性莫兰指数见表 6-6。结果显示，私营企业就业的全局莫兰指数均大于 0，且除 2017 年和 2018 年通过 5% 显著性检验外，其余各年份均通过 1% 显著性检验，呈现出较强的空间正相关性。同时，全局莫兰指数呈现一定的波动性，且自 2011 年起逐年递减，说明受经济新常态及就

---

① 蔡昉，都阳，高文书. 就业弹性、自然失业和宏观经济政策？[J]. 经济研究，2004 (9)：18-25，47.

业政策改革等因素的影响，各区域私营企业就业的相关性受到一定影响，但从总体来说，各区域私营企业就业水平存在显著的空间交互作用，具有集聚特征，即高就业水平的区域间联系紧密，低就业水平的区域间也存在紧密联系。

表6－6 私营企业就业和个体户就业的全局莫兰指数

年份	私营企业就业水平			个体户就业水平		
	莫兰指数	Z 值	P 值	莫兰指数	Z 值	P 值
2003	0.264	2.739	0.006	0.099	1.188	0.235
2004	0.286	2.942	0.003	0.095	1.159	0.247
2005	0.294	3.114	0.002	0.100	1.214	0.225
2006	0.291	3.099	0.002	0.067	0.927	0.354
2007	0.280	3.039	0.002	0.033	0.627	0.530
2008	0.251	2.875	0.004	0.012	0.437	0.662
2009	0.242	2.769	0.006	0.040	0.684	0.494
2010	0.267	3.070	0.002	0.121	1.407	0.159
2011	0.285	3.191	0.001	0.118	1.363	0.173
2012	0.273	3.040	0.002	0.107	1.267	0.205
2013	0.270	3.031	0.002	-0.205	-2.283	0.022
2014	0.254	2.764	0.006	0.071	0.965	0.334
2015	0.251	2.672	0.008	0.067	0.928	0.353
2016	0.212	2.324	0.020	0.092	1.158	0.247
2017	0.228	2.492	0.013	0.084	1.084	0.278
2018	0.223	2.459	0.014	0.173	1.869	0.062

资料来源：R 软件输出结果。

个体户就业的全局性莫兰指数值在0.1附近波动，有时还会趋近于0，且除个别年份（2013年和2018年）外，其余年份均未通过显著性水平检验，说明我国个体户就业在空间上具有随机分布和独立性的特征，这与前文就业空间分布图也呈现显著的分散特征相对应。相较于机会型创业，生存型企业的创立对邻接地区的示范作用和扩散作用不明显，难以产生协同，多存在个体性和独立性，造成生存型创业水平在空间上具有随机性。因此，个体户就业不具有空间相关性。

由于个体户就业的区域属性值分布属于随机分布特征，不具有空间依赖性；而私营企业就业存在较强的空间交互效应，对其进行研究时不能忽视空间因素的作用。因此，下文仅针对机会型创业的就业效应采用空间计量模型展开进一步的空间效应分析。

（二）空间杜宾模型构建

基于前文理论分析中对创业与就业关系的阐述，针对机会型创业的就业效应构建空间计量模型如下：

$$Emp_i = \rho WEmp_i + \beta CPEA_i + W\theta CPEA_i + \beta C_i + W\theta C_i + l_n\alpha + \mu \quad (6-2)$$

式中，Emp 表示私营企业就业人数；CPEA 表示私营企业创业指数；C 表示控制变量，包括 Wage 工资增长率、Invt 固定资产投资变动率、Pop 人口密度、PGDP 经济水平、FDI 外商直接投资水平；ρ 为空间效应系数，用以表示空间相关性；W 为空间权重矩阵；α 为常数项；β 为参数项；θ 为相应的系数向量；l_n 为单位向量；μ 为残差项，其中 $\mu = \mu_n + \mu_t + \varepsilon$，$\mu_n$ 代表时间固定效应，μ_t 代表空间固定效应，当两者都存在时表示时间空间双固定效应，当两者都不存在时表示随机效应。针对全国和东、中和西部地区机会型创业对就业的影响效应构建相应空间计量模型，更好的体现不同程度的创业水平对就业的影响作用。

首先，判断建立何种空间计量模型，对不同地区的面板数据进行 LM 检验，结果见表6-7，全国、东部及中部地区拟合模型的 LM lag 值和 Robust LM lag 值通过了 10% 的显著性水平检验，而西部地区拟合模型的 LM error 值和 Robust LM error 值通过了 1% 的显著性检验。因此，根据 Anselin 的判断准则，全国、东部及中部地区适合拟合空间滞后模型，而对西部地区而言拟合空间误差模型更合理。为确定空间杜宾模型的适用性，本书选取 Wald 检验和似然比 LR 检验进行验证，结果显示，不同地区的 Wald 检验和 LR 检验值均通过了 5% 的显著性水平检验，说明以空间杜宾模型对区域机会型创业的就业效应进行研究是合适的。为判断模型形式，对不同地区的面板数据进行 Hausman 检验。本书采用单侧 Hausman 检验，结果显示中部和西部地区的 Hausman 检验值未通过 5% 的显著性水平检验，说明采用随机效应模型进行估计的方法更优；而全国和东部地区通过了 5% 的显著性水平检验，故当衡量全国和东部地区机会型创业的就业效应时应采用固定效应模型。

表 6 - 7　　　　　　　　　　　各地区模型拟合检验结果

检验量	全国		东部地区		中部地区		西部地区	
	系数	P 值	系数	P 值	系数	P 值	系数	P 值
LM lag	2.98	0.08	10.95	0.00	6.24	0.01	2.49	0.12
Robust LM lag	4.94	0.03	3.64	0.06	30.25	0.00	0.92	0.34
LM error	0.02	0.89	7.35	0.01	0.18	0.67	10.94	0.00
Robust LM error	1.98	0.16	0.05	0.82	24.19	0.00	9.37	0.00
Wald spatial lag	28.99	0.00	134.92	0.00	103.03	0.00	19.20	0.00
Wald spatial error	26.07	0.00	141.82	0.00	81.33	0.00	12.71	0.05
LR spatial lag	27.12	0.00	85.99	0.00	43.51	0.00	17.51	0.00
LR spatial error	25.18	0.00	91.66	0.00	39.68	0.00	11.38	0.05
Hausman 检验	61.74	0.00	40.27	0.00	7.38	0.88	7.88	0.85

资料来源：R 软件输出结果。

综上可知，对于中部和西部地区而言，应拟合空间杜宾随机效应模型。而对于全国和东部地区，因空间计量模型的固定效应包括时间固定效应、空间固定效应及时间空间双固定效应，故以三种固定效应对应建立模型的拟合优度及对数似然函数值判断适用模型。全国和东部地区的空间杜宾时间空间双固定效应模型的 R^2 值分别为 0.949 和 0.984，$Sigma^2$ 值分别为 0.055 和 0.017，Log-Likelihood 值分别为 13.543 和 115.396，拟合结果在固定效应模型中最好（见表 6 - 8）。这说明对于全国和东部地区，空间杜宾双固定效应模型更为适用。

表 6 - 8　　　　　　　全国和东部地区模型拟合检验结果

检验量	全国			东部地区		
	时间固定	空间固定	时空双固定	时间固定	空间固定	时空双固定
$Sigma^2$	0.263	0.058	0.055	0.331	0.025	0.017
R^2	0.754	0.946	0.949	0.692	0.977	0.984
LogL	-361.507	3.716	13.543	-167.229	81.536	115.396

资料来源：R 软件输出结果。

二、创业的就业空间模型回归结果

基于空间计量模型拟合结果，对中部和西部地区数据拟合空间杜宾随机效应模型，对全国和东部地区数据拟合空间杜宾双固定效应模型，构建机会型创业及控制变量对就业的影响关系模型，回归结果见表6-9。各空间杜宾模型的回归结果表明，在全国、中部和西部地区，创业水平的回归系数均显著为正，分别为0.081、0.354和0.312；而东部地区创业水平的回归系数值显著为负（-0.052），说明全国及中部、西部地区创业水平的提升，有助于区域就业的增长，而在东部地区创业水平的提升则会抑制区域就业的增长。

表6-9　　　　　机会型创业对就业的空间杜宾模型回归结果

变量	空间杜宾双固定效应		空间杜宾随机效应	
	全国	东部地区	中部地区	西部地区
CPEA	0.081** (2.117)	-0.052** (-2.201)	0.354*** (3.793)	0.312** (2.890)
PGDP	0.619*** (3.239)	0.793*** (6.831)	0.269 (0.610)	0.147 (0.134)
WAGE	0.121 (0.145)	0.186 (0.328)	0.236 (0.481)	0.158 (0.469)
INVT	0.281 (1.127)	0.616*** (5.437)	0.358** (2.022)	0.394 (1.039)
POP	0.145 (0.236)	0.147*** (3.632)	0.268** (2.751)	0.195 (0.232)
FDI	0.158*** (3.634)	-0.124** (-2.638)	0.473*** (4.491)	0.228*** (3.672)
W×CPEA	0.131 (0.379)	0.281 (1.303)	0.349*** (2.928)	0.271** (3.476)
W×PGDP	0.627*** (2.908)	2.304*** (4.053)	-1.095*** (-2.272)	1.942 (1.056)

续表

变量	空间杜宾双固定效应		空间杜宾随机效应	
	全国	东部地区	中部地区	西部地区
W×WAGE	0.294 (1.051)	0.601 (1.601)	1.145 (1.692)	1.383 (0.908)
W×INVT	0.898*** (2.901)	0.601* (1.863)	1.107*** (2.848)	0.293 (0.075)
W×POP	0.215 (0.179)	0.315*** (5.073)	−0.193 (−1.037)	0.285 (1.506)
W×FDI	−1.104** (−2.706)	−0.672*** (−6.628)	0.539*** (4.976)	0.119 (0.091)
ρ	−0.235** (−2.076)	−0.172*** (−2.899)	−0.749*** (−3.554)	−0.285*** (−4.032)
Sigma^2	0.063	0.009	0.031	0.078
R^2	0.952	0.974	0.806	0.923
LogL	11.403	123.058	6.051	−33.954

注：括号内为 t 检验值，*** 、 ** 、 * 分别表示在1% 、5% 和10% 的显著性水平下通过检验。
资料来源：R 软件输出结果。

控制变量中，人均 GDP 对全国和东部地区的就业存在显著正向影响，分别为 0.619 和 0.793，而在中西部地区虽然影响也为正，但并不显著。固定投资仅对东部、中部地区有显著的正向影响，其值分别为 0.616 和 0.358，全国和西部地区的影响虽然为正但不显著。人口密度对东、中部地区的就业具有显著性正向影响，分别为 0.147 和 0.268，全国和西部地区的影响为正，不显著。外商直接投资水平对全国和各地区的就业均有显著影响，对东部地区的影响为 −0.124，对全国和其他地区的影响显著为正，系数分别为 0.158、0.473 和 0.228，说明在经济发展水平较高的地区，外商直接投资的增加会抑制就业水平的增加。值得注意的是，工资增长率对就业影响虽然为正，但是在各个地区均不显著。笔者认为是处于创业阶段的企业或个人工资水平的不确定性导致其对工资增长率不敏感。

表 6-9 的结果表明，全国、东部、中部及西部地区的空间效应系数 ρ 均为负，且通过显著性检验，说明各地区就业水平发展不是独立的，存在显著的空间溢出效应，即就业水平不仅受到地区内政策、经济和文化等多方面因素的

影响，还受到区域间就业活动相关要素变动的影响。具体来说，全国、东部、中部及西部地区邻接区域就业人数每上升一个单位，本区域的就业人数分别会缩小0.235、0.172、0.749和0.285，说明就业人数存在明显的负外溢效应，且地理位置越往西、经济发展水平越趋于落后的地区，本区域就业人数的增长越易导致邻接区域劳动力的流失。这可能是因为，随着交通、通信等基础设施的日益完善，劳动力对就业岗位选择不再局限于本地区，而会向经济水平、生活水平和工资水平较为优越的地区流动。中部和西部地区作为劳务输出地区，劳动力长期处于外流状态，易造成本地区劳动力供应不足，因而地区内部的就业人数较东部地区存在更加明显的负空间溢出效应。

三、空间溢出效应

考虑到空间杜宾模型不能具体反映区域间影响的溢出效应，本书进一步构建了溢出效应模型，通过将溢出效应进一步分解为直接效应和间接效应，从两个角度刻画创业在地区内部与地区之间如何影响就业，空间溢出效应模型的估计结果见表6-10。

表6-10　　　　　　　　　机会型创业对就业的空间溢出效应结果

直接效应	全国	东部地区	中部地区	西部地区
CPEA	0.085 **	− 0.067 *	0.338 **	0.166
Wage	0.006	0.102	− 0.532	0.086
Invt	0.127	0.405 ***	0.195	0.352
Pop	− 0.045	0.113 *	0.148 **	0.024
PGDP	0.507 ***	0.847 ***	0.366	− 0.064
FDI	0.038 *	− 0.027	0.018	0.119 **
间接效应	全国	东部地区	中部地区	西部地区
CPEA	0.003	− 0.030	0.305 *	0.315 *
Wage	0.221	0.082	1.332	0.950
Invt	0.689 ***	0.306	0.844 **	0.112
Pop	0.003	0.544 ***	− 0.144	0.153
PGDP	0.449 **	0.883 ***	− 1.383 ***	0.782
FDI	− 0.099 **	− 0.305 ***	0.363 ***	− 0.007

续表

总效应	全国	东部地区	中部地区	西部地区
CPEA	0.088 *	- 0.097 *	0.643 ***	0.482 **
Wage	0.228	0.184	0.800	1.036
Invt	0.817 ***	0.711 ***	1.039 **	0.465
Pop	- 0.042	0.657 ***	0.003	0.177
PGDP	0.956 ***	1.730 ***	- 1.017 ***	0.719
FDI	- 0.060	- 0.332 ***	0.381 ***	0.112

注: *** 、 ** 、 * 分别表示在 1%、5% 和 10% 的显著性水平下通过检验。
资料来源: R 软件输出结果。

由表 6-10 可知, 创业对就业水平的影响具有空间溢出效应且在不同地区存在显著差异。全国层面, 创业对就业具有显著正向的直接效应和总效应, 系数为 0.085 和 0.088, 间接效应为正但不显著。这说明一个地区创业水平提升会直接促进本地区就业人数的增长, 而最终促进全国就业人数的增加。东部地区, 创业对就业具有显著负向的直接效应和总效应, 系数分别为 - 0.067 和 - 0.097, 间接效应也为负但不显著。可以说, 东部地区的创业水平提升将会抑制本区域就业人数的增长; 从创业对就业的作用机理来分析, 随着创业水平的提升, 初期的岗位创造效应会促进就业水平的上升, 但是中期市场挤出效应占主导地位后, 就业水平反而会下降。本书衡量创业水平的指标是私营企业创业指数, 东部地区由于经济水平发展较快, 因此创业对就业水平的抑制期较中西部地区相对来临较早, 造成创业提升抑制就业的现实情况。中部地区, 创业对就业具有显著正向的直接效应、间接效应和总效应, 系数分别为 0.338、0.305 和 0.643。中部地区创业水平的提升会同时促进本区域及邻接区域就业人数的增长, 其中, 中部地区的估计系数值较大且较其他地区显著, 可能是因为中部地区具有较大的人口基数和劳动人口, 且经济发展水平和创业活跃度处于中等水平, 在该地区能更好地发挥促进就业的作用。同时, 区域内新创企业的建立往往会伴随着新技术、新产品或者新服务等创新技术的产生, 也会对邻接区域的企业形成扩散和指导作用, 从而促进就业水平的大幅提升。西部地区, 创业对就业水平具有显著正向的间接效应和总效应, 系数分别为 0.315 和 0.482。西部地区创业水平的提升会促进邻接区域就业人数的增长, 最终对整个区域的就业起到带动作用。由于西部地区各方面发展比较落后, 地区内的新创企业会吸纳具备一定能力的劳动力, 而这部分劳动力更多的不是来自本地区而是来自相邻的各个地区，从而带动整个区域就业水平的增长。

控制变量中，从全国层面看，经济水平对就业有显著正向的直接效应、间接效应和总效应；固定资产投资变动率对就业有显著正向的间接效应和总效应；外商直接投资对就业的影响主要体现在显著正向的直接效应和显著负向的间接效应。这说明区域内经济发展越好，外商投资规模越大，将会促进区域内部就业人数增长，同时，本区域的固定资产投资变动率增加和经济水平提升对邻接区域就业水平有促进作用，而本区域外商直接投资规模的扩大会对邻接区域就业水平有抑制作用。

各地区控制变量对就业影响效果也各有不同。东部地区经济发展水平对就业影响最为显著，具有正向的直接效应、间接效应和总效应，说明在东部地区，区域就业水平的提升主要依赖社会经济发展，地区经济水平的提升会显著促进本地区及邻接区域的就业水平发展，本地区经济发展较好，易形成一定的规模效应，能够带动邻接区域经济的同向发展，产生经济溢出，刺激劳动力人口流入，从而促进新创企业的产生和就业水平提升。固定资产投资变动率对就业水平有显著正向的直接效应和总效应，人口密度对就业水平有显著正向的直接效应、间接效应和总效应，说明固定资产投资规模的增长会促进本地区就业水平发展，同时随着人口密度的增加，人口集聚效应的提升，也会对本地区就业水平产生积极影响，且促进邻接区域就业水平发展。外商投资对就业水平具有负向的区域间溢出效应和总效应，造成这种情况的原因可能是：虽然外商直接投资是导致劳动力向东部地区集聚的主要原因，但邻接区域为争夺外商投资资源，易展开竞争，使得间接效应过大进而影响总效应，出现抑制就业的现象。

中部地区固定资产投资变动率对区域就业水平影响系数最大，具有显著的正向区域间溢出效应和总效应，说明地区内固定资产投资规模的增长会形成一定的规模效应，对本地区及周边区域的劳动力产生吸引力。人口密度对就业有显著正向的直接效应，外商直接投资水平对就业有正向的间接效应和总效应，说明人口密度的增长会促进本地区业水平的提升，而外商投资规模的增加，通过促进邻接区域就业提升来带动区域整体就业水平的增加。经济水平对就业具有显著负向的间接效应和总效应，这可能是因为随着中部地区经济的不断发展，地区间存在强烈的竞争发展关系，一个地区经济水平提升对其邻接区域的市场、资源及人才等都产生很强的挤占效应。

西部地区区域就业水平主要受外商直接投资的影响，且具有显著正向的直接效应和总效应，说明在西部地区，外商直接投资水平的提升通过促进本地区就业水平的增加而影响到整个区域就业的提升。外商投资的流入会提升地区工资水平，提高工人的劳动技能，对提升就业有积极的促进作用。其他控制变量在西部地区都没有显著发挥出提升区域就业水平的作用。

四、稳健性检验

为确保实证结果及所得结论的准确性，本书采用替换变量和变换空间权重矩阵两种方法进行稳健性检验。

（一）替换变量

采用私营企业创业指数衡量机会型创业水平，而创业率也是为广泛的衡量创业的指标，多以劳动力市场法计算。在稳健性检验过程中，本书以私营企业创业率（$Entr_1$）替换私营企业创业指数作为衡量各地区机会型创业水平的代理变量，构建空间计量分析，各检验结果见附录表1，不同地区的空间溢出效应见表6－11。

$$Entr_1 = 当期新增私营企业数量/劳动人口数（千人）\qquad（6-3）$$

表6－11　　　　　替换解释变量后各地区空间溢出效应估计结果

直接效应	全国	东部地区	中部地区	西部地区
Entr1	0.060 ***	0.045 ***	0.170 **	0.044
Wage	0.056	0.153	−0.847	0.115
Invt	0.018	0.209	0.151	0.095
Pop	−0.037	0.106 *	0.187 ***	0.053
PGDP	0.623 ***	0.802 ***	0.421 **	0.039
FDI	0.035 *	−0.032	0.009	0.089 *
间接效应	全国	东部地区	中部地区	西部地区
Entr1	0.027	−0.008	0.198 **	−0.084
Wage	0.199	−0.100	0.763	0.957
Invt	0.405 **	0.460 *	0.621 *	−0.538
Pop	0.023	0.553 ***	−0.063	0.226 **
PGDP	0.609 ***	0.675 ***	−1.351 ***	1.611 **
FDI	−0.116 ***	−0.325 ***	0.363 ***	−0.075

总效应	全国	东部地区	中部地区	西部地区
Entr1	0.087 ***	0.036	0.369 ***	−0.040
Wage	0.255	0.054	−0.084	1.071
Invt	0.423 *	0.669 **	0.772 *	−0.443
Pop	−0.014	0.659 ***	0.123	0.279 *
PGDP	1.233 ***	1.476 ***	−0.930 ***	1.650 ***
FDI	−0.080 *	−0.357 ***	0.373 ***	0.014

注：*** 、** 、* 分别表示在 1%、5% 和 10% 的显著性水平下通过检验。
资料来源：R 软件输出结果。

从表 6 - 11 的空间溢出结果可见，以创业率为代理解释变量所得的估计结果及显著性水平与以私营企业创业指数为代理解释变量所得基本一致，说明本书的空间计量结果比较稳健。同时，进一步比较可知，以创业率为解释变量的东部地区机会型创业水平对就业水平有显著正向的直接效应，西部地区的创业水平对就业水平无明显影响。这可能是因为，创业率指标以当期新增企业核算，而私营企业创业指数以累计三年新增企业核算，一般已创立三年企业已经度过创造就业岗位阶段，市场挤占效应影响开始上升，特别是东部地区经济发展较快，市场挤占效应大于岗位创业效应，致使累计三年新增企业对就业具有负向效应，而西部地区新创企业刚建立时对区域就业水平的影响还不明显。

（二）变换空间权重矩阵

事实上，除了地理因素，区域间经济关系的差异也会影响区域间的空间效应。考虑到本研究中邻接区域间经济上的相互关系，本书选择采用林光平[①]设定的"经济空间权重矩阵"作为稳健性检验的变换空间权重矩阵。

$$W^* = W \times E \qquad (6-4)$$

式（6-4）中，E 为描述区域间经济水平差异的矩阵，$E_{ij} = \dfrac{1}{|\overline{Y}_i - \overline{Y}_j|}$，其

中 $\overline{Y}_i = \dfrac{1}{t_1 - t_0 + 1} \sum\limits_{t=t_0}^{t_1} Y_{it}$，$Y_{it}$ 为经济变量，表示第 i 个地区第 t 年的人均 GDP。

[①] 林光平，龙志和，吴梅. 我国地区经济收敛的空间计量实证分析：1978—2002 年［J］. 经济学（季刊），2005（S1）：67 - 82.

以经济空间权重矩阵作为变换空间权重矩阵构建各地区创业对就业影响效应的空间计量模型，各检验结果见附录表2，空间溢出效应估计结果见表6－12。从模型估计结果来看，全国、中部和西部地区，创业水平仍然对就业水平具有显著正向的影响，而在东部地区，创业对就业水平具有负向不显著的影响，说明在变换空间权重矩阵后，创业对就业影响的估计结果是稳健的。

表6－12　　　　变换空间权重矩阵后各地区空间溢出效应估计结果

直接效应	全国	东部地区	中部地区	西部地区
CPEA	0.086 **	− 0.047	0.614 ***	0.209 *
Wage	0.023	0.104	− 0.362	0.038
Invt	0.187	0.350 **	0.221	0.172
Pop	− 0.040	0.215 ***	0.039	0.006
PGDP	0.574 ***	0.827 ***	0.602 **	0.093
FDI	0.061 ***	− 0.015	− 0.022	0.157 ***
间接效应	全国	东部地区	中部地区	西部地区
CPEA	0.082	− 0.009	0.042	0.299 **
Wage	0.190	0.136	1.039	1.119
Invt	0.300	0.387 *	0.140	0.879
Pop	0.024	0.449 ***	− 0.082	0.044
PGDP	0.152	0.716 ***	− 1.121 **	− 0.473
FDI	− 0.069 **	− 0.229 ***	0.256 **	0.083
总效应	全国	东部地区	中部地区	西部地区
CPEA	0.169 **	− 0.056	0.657 ***	0.508 ***
Wage	0.214	0.241	0.677	1.157
Invt	0.487 **	0.738 ***	0.361	1.051 *
Pop	− 0.016	0.664 ***	− 0.043	0.050
PGDP	0.726 ***	1.543 ***	− 0.520	− 0.381
FDI	− 0.008	− 0.244 ***	0.234 **	0.240 ***

注：***、**、*分别表示在1%、5%和10%的显著性水平下通过检验。
资料来源：R软件输出结果。

第四节 本章结论

本章对我国 30 个省份的就业情况进行了测度，刻画了各地区就业的发展变化特征；通过面板数据模型实证分析了创业对就业的影响效果，在此基础上，通过空间相关性检验明确了私营企业创业存在的空间集聚特征，从全国和东部、中部、西部四个层面分别构建了空间杜宾模型，实证分析创业影响就业的空间效应，并进一步通过空间溢出效应分析各影响因素的作用程度和效果。主要结论有四点。

(1) 就业的测度结果表明，各地区就业发展基本呈现增长态势，地区间就业发展差异显著，且私营企业就业人数较个体户就业人数差异更大。从分布的情况看，私营企业就业人数主要分布在东部沿海地区，这也是我国经济相对发达的地区；其次是以湖南、湖北和四川为代表的中部地区；然后是山西、内蒙古、海南、新疆和东北地区，就业人数在百万人左右。相比私营企业，个体户的就业分布比较分散，东部沿海的山东、江苏、浙江和广东，中部的湖北和西部的四川都集聚了 500 万名左右的个体户从业人员。内蒙古、东北地区以及云贵川地区的个体户就业人数在 200 万人左右，其他地区不足百万人。值得注意的是，黑龙江的私营企业就业人数持续增长，之后的 5 年就业人数急剧下滑，在 2018 年到达低点，相比期初减少了 20.1 万人；而北京的个体户就业人数自 2003 年起上涨，在 2010 年到达高点后下降，2018 年个体户就业人数较2003 年减少 5.9 万人。

(2) 创业对就业的影响因素分析结果表明，私营企业创业和个体户创业对就业的影响均显著为正，且私营企业创业对就业的带动作用较个体户强。人均 GDP 和外商直接投资水平对就业有显著影响，说明区域经济水平越高，外商投资环境越好，新创企业越易生存，越能促进劳动力市场发展。人口密度对区域私营企业就业效应具有正向的显著影响，人口密度的提升能够促进市场规模、产业结构、创新水平等相关因素的发展，从而创造新岗位。固定资产增长率对区域个体户就业效应具有显著的负向影响，说明此时固定资产投资会抑制就业增长。值得注意的是，不论在私营企业创业还是个体户创业的模型中，工资因素都没有表现出对就业的显著影响。

(3) 各种空间杜宾模型的估计结果表明，机会型创业对就业有着正向的带动作用，这种作用在中部地区表现得十分突出，而在全国和西部体现得相对较弱。东部地区的区域创业表现出抑制就业增长的情况。各控制变量中，人均GDP 对全国和东部地区的就业存在显著正向影响；人口密度对东部和中部地区的就业具有显著正向影响；外商直接投资水平对东部地区的影响显著为负，而对全国和其他地区的影响显著为正；固定投资仅对东部地区有显著的正向影响，全国和其他地区的影响虽然为正但不显著；工资增长率对就业影响虽然为正，但在各个地区均不显著。各估计模型的空间效应检验说明各地区就业水平的发展不是独立的，存在显著的空间溢出效应。

（4）空间溢出效应的结果表明：在全国层面，区域创业通过增加本地区就业来促进整体就业水平的提升；在中部地区，区域创业对本地区和邻近地区的就业均有促进作用，两者共同增加了中部地区的就业；在西部地区，区域创业会促进邻近地区就业水平的增加，进而促使西部地区的就业增加。值得注意的是，在东部地区，区域创业对本地区就业具有显著抑制作用，从而导致整体就业水平下降。东部地区的就业发展水平不仅受本区域固定资产投资规模、本区域及邻接区域人口密度和经济发展的正向显著影响，还受邻接区域外商直接投资规模的负向显著影响；中部地区的就业发展水平受本区域人口密度及邻接区域固定资产、外商直接投资规模的正向显著影响，还受到邻接区域经济发展的负向显著影响；西部地区的就业发展水平仅受本区域外商直接投资的正向显著影响。

第七章
创业对就业的动态滞后效应

早期的创业带动就业研究主要探讨了创业岗位的创造效应，但研究发现，创业对就业存在长期影响。为了更好地实现"大众创新、万众创业"中创业对就业的带动效应，就不应只是重视短期的岗位创造效应、更要重视新建企业对中期就业的挤出效应和长期就业的供给方效应。目前，国内学者对创业活动的就业效应研究主要集中在本地区当期创业活动对当期就业水平的影响，而对创业与就业之间动态关系的研究缺少关注。本章将从中长期效应的视角对创业与就业间存在的动态影响关系展开研究。

第一节　动态滞后模型

在经济运行过程中，广泛存在时间滞后效应。某些经济变量不仅受到同期各种因素的影响，而且受到过去某些时期的各种因素甚至自身的过去值的影响。通常把这种过去时期的、具有滞后作用的变量叫作滞后变量。滞后变量考虑了时间因素的作用，使静态分析的问题有可能成为动态分析。含有滞后解释变量的模型称为动态模型。

一、分布滞后模型

模型中 Y 的现期值不仅依赖 X 的现期值，而且依赖 X 的若干期滞后值，具体形式如下：

$$Y_t = \alpha + \beta_0 X_t + \beta_1 X_{t-1} + \cdots + \beta_m X_{t-m} + u_t \qquad (7-1)$$

式 (7-1) 中，β_0 是短期或即期乘数，表示本期 X 变化一单位对 Y 平均值的影响程度，即短期影响。$\beta_i (i = 1, 2, \cdots, m)$ 是动态乘数或延迟系数，表示各滞后期 X 的变动对 Y 平均值影响的大小。$\sum_{i=1}^{m} \beta_i$ 称为长期或均衡乘数，表示 X 变动一个单位，由于滞后效应而形成的对 Y 平均值总影响的大小。

二、分布滞后模型的估计

由于 X 和它的若干期滞后之间往往存在数据的高度相关性，从而导致严重的多重共线性。因此，分布滞后模型极少对模型的一般形式进行直接估计。通常采用对模型各系数 β_i 施加某种先验约束条件的方法来减少待估计独立参数的数目，从而解决多重共线性问题。这方面最著名的两种估计方法是科克（Koyck）方法和阿尔蒙（Almon）方法。

（一）科克分布滞后模型

假设解释变量的各滞后值的系数或权数按几何级数递减，即假设无限滞后分布，X 的逐次滞后值对 Y 的影响是逐渐递减的：

$$Y_t = \alpha + \beta X_t + \beta\lambda X_{t-1} + \beta \lambda^2 X_{t-2} + \cdots + u_t \tag{7-2}$$

式中，$0 < \lambda < 1$，$t = 1, 2, \cdots, n$。采用科克变换，上式两端取一期滞后并乘以 λ 得：

$$\lambda Y_{t-1} = \lambda\alpha + \beta\lambda X_{t-1} + \beta \lambda^2 X_{t-2} + \beta \lambda^3 X_{t-3} + \cdots + \lambda u_{t-1} \tag{7-3}$$

式（7-2）和式（7-3）化简整理得：

$$Y_t = (1 - \lambda)\alpha + \beta\lambda X_{t-1} + \beta X_t + \lambda Y_{t-1} + u_t - \lambda u_{t-1} \tag{7-4}$$

从短期看，Y_{t-1} 可以认为是固定的，X 的变动对 Y 的影响为 β；从长期看，在忽略扰动项的情况下，如果 X_t 趋向于某一均衡水平 $\bar{X}$，则 Y_t 和 Y_{t-1} 也将趋向于某一均衡水平 $\bar{Y}$：

$$\bar{Y} = (1 - \lambda)\alpha + \beta \bar{X} + \lambda \bar{Y} \tag{7-5}$$

$$\bar{Y} = \alpha + \frac{\beta}{1 - \lambda} \bar{X} \tag{7-6}$$

可以看出，X 对 Y 的长期影响为 β，若 $0 < \lambda < 1$，则 $\beta/(1 - \lambda) > \beta$，即长期影响大于短期影响。通过 OLS 回归就可得到 α、β、λ 的估计值，大大简化了计算。

（二）阿尔蒙多项式分布滞后模型

如果 Y 依赖 X 的现期值和若干期滞后值，则权数由一个多项式分布给出，阿尔蒙认为回归系数 β_i 可以用滞后期 i 的适当次多项式来逼近：

$$\beta_i = \alpha_0 + \alpha_1 i + \alpha_2 i^2 + \cdots + \alpha_r i^r \quad (r < k) \qquad (7-7)$$

式中，r 为多项式的阶数。用一个 r 阶多项式来拟合分布滞后，该多项式曲线通过滞后分布的所有点。

应用阿尔蒙滞后的关键是如何选择最大滞后周期 m 和多项式的阶数 r。在应用阿尔蒙法之前必须确定 m 和 r，这是该方法的局限，但其优点是避免了科克方法带来的估计问题。在实践中，人们希望 m 尽量小一些，如果有 10 年的数据，通常滞后取二期至三期，r 通过估计模型的 t 检验法来选择。

第二节　创业对就业的动态滞后效应

一、指标选取及检验

考虑创业对就业的动态效应分析，需要对每一期创业对就业的滞后效应进行研究，而 CPEA 和 IE 指标以近三年新增企业数构建，不适用于建立动态模型。相较于 CPEA 和 IE 指标，以劳动力市场法计算的创业率指标衡量的是区域内每千人拥有的当期新增企业数，可以体现创业的动态增长。因此，本章对因变量和自变量进行转换，选取创业率（Entr）及其相对应的就业增长率（Emp）分别作为自变量和因变量，以衡量创业对就业的动态影响。计算公式为：

$$\text{Entr} = 区域内当期新增企业数量/区域内劳动人口（千人）\qquad (7-8)$$
$$\text{Emp} = 区域内当期新增就业人员数量/区域内上期就业人员数量 \qquad (7-9)$$

本书从私营企业创业和个体户创业角度分别研究创业与就业之间的动态关系。以私营企业和个体户的当期新增企业数量及劳动人口数量计算私营企业创业率（Entr_1）和个体户创业率（Entr_2），以私营企业和个体户的就业人员数量计算私营企业就业增长率（Emp_1）和个体户就业增长率（Emp_2）。选择 2003～2018 年的数据为分析对象，数据来源于《中国统计年鉴》和《中国劳动统计年鉴》。由表 7-1 可知，我国历年平均私营企业创业率为 1.854，表示每千名劳动人口拥有的新增私营企业数量为 1.854 户，平均个体户创业率为 2.978，表示每千名劳动人口拥有的新增个体户数量为 2.978 户。2003～2018 年我国历年私营企业平均就业增长率为 12.7%，我国历年个体户平均就业增长率为 12.8%。

表 7 – 1 各变量统计描述

变量	均值	标准差	最小值	最大值
私营企业就业增长率	0.127	0.175	– 0.730	1.641
个体户就业增长率	0.128	0.728	– 0.913	12.075
私营企业创业率（户/千人）	1.854	1.963	– 0.535	11.955
个体户创业率（户/千人）	2.978	3.397	– 12.143	18.213

为避免出现伪回归的问题，保证模型的拟合效果，在建立模型前对各变量进行平稳性检验。本书采用 ADF 检验、PP 检验和 LLC 检验来判别各变量的平稳性，为了剔除控制变量人口密度、经济水平及外商直接投资水平的时间趋势，对其进行检验时加入了时间趋势项，同时因各变量在不同的省份间具有相关性，加入截面相关项进行分析，结果见表 7 – 2。

表 7 – 2 各变量 ADF 检验、PP 检验和 LLC 检验

变量	ADF 检验	PP 检验	LLC 检验
Emp1	164.00 ***	244.62 ***	– 12.25 ***
Entr1	15.54	20.76	5.07
Emp2	147.46 ***	253.91 ***	– 6.92 ***
Entr2	59.65	89.57 ***	– 0.83
Wage	55.16	109.97 ***	0.51
Invt	35.63	70.94	1.16
Pop	76.60 *	109.64 ***	– 6.57 ***
PGDP	37.87	54.95	– 2.96 ***
FDI	109.84 ***	100.39 ***	– 5.66 ***
ΔEntr1	137.08 ***	290.72 ***	– 3.78 ***
ΔEntr2	203.72 ***	429.32 ***	– 10.00 ***
ΔWage	185.27 ***	466.27 ***	– 4.68 ***
ΔInvt	218.14 ***	494.31 ***	– 9.81 ***
ΔPop	178.50 ***	349.01 ***	– 12.72 ***
ΔPGDP	87.61 **	159.82 ***	– 6.24 ***

注：*** 、 ** 、 * 分别表示在1%、5%和10%的显著性水平下拒绝原假设；Δ 表示一阶差分。
资料来源：R 软件输出结果。

被解释变量私营企业就业率、个体户就业率及解释变量外商投资水平的
ADF、PP 和 LLC 统计量值均通过了 1% 的显著性水平检验，其余各变量均未通
过显著性水平检验，因此对未通过检验的变量进行一阶差分。结果显示，经过
一阶差分后，各变量的 ADF、PP 和 LLC 统计量值均通过了 5% 的显著性水平
检验，该面板数据具有平稳性，可展开进一步的分析。

二、滞后期数及多项式次数

基于前文对创业与就业关系的理论研究，本章选取阿尔蒙分布滞后模型研
究创业和就业之间的动态影响关系，并确定估计模型需要的滞后期数及多项式
次数。

（一）滞后期数

基于私营企业创业就业的面板数据和个体户创业就业的面板数据，对每一
滞后期构建普通面板模型并以异方差稳健标准误法估计，通过对比各滞后期模
型的 AIC 和 SC 信息准则值来判断模型拟合度，从而选择最佳滞后期数。结果
显示（见表 7-3），对机会型创业就业的面板数据而言，滞后两期的 AIC 值和
SC 值最小，分别为 -0.91 和 -0.82；对生存型创业就业的面板数据而言，滞
后 12 期的 AIC 值和 SC 值最小，分别为 -1.52 和 -1.07。因需要对不同创业
类型的就业效应进行对比分析，且机会型创业就业的面板数据确定的滞后期数
过短，难以显示新创企业对就业水平的影响趋势，故本书选择滞后 12 期作为
最佳滞后期数，分析基于不同创业类型的新创企业对未来 12 年内的就业水平
增长的影响效应。

表7-3　　　　机会型创业和生存型就业各滞后期数 AIC 值和 SC 值

	滞后期数	0	1	2	3	4	5	6
机会型	AIC 值	-0.74	-0.78	-0.91	-0.87	-0.82	-0.77	-0.74
	SC 值	-0.68	-0.71	-0.82	-0.77	-0.70	-0.63	-0.58
	滞后期数	8	9	10	11	12	13	14
生存型	AIC 值	2.93	3.04	3.17	-0.91	-1.52	-1.22	-0.75
	SC 值	3.15	3.29	3.47	-0.54	-1.07	-0.67	-0.02

资料来源：R 软件输出结果。

（二）多项式阶数

实际应用中，由于阿尔蒙分布滞后模型多项式阶数取值过高会影响自由度，因此，一般取值为二阶或者三阶，很少会超过四阶。本书选取二阶、三阶和四阶的阿尔蒙多项式阶数分别进行回归，根据 AIC 值和 SC 值确定适合的多项式阶数，结果见表 7－4。结果显示，基于机会型创业的就业效应建立二阶阿尔蒙分布滞后模型较为合适，基于生存型创业的就业效应建立三阶阿尔蒙分布滞后模型较为适宜。根据初步估计时发现，多项式阶数取 2 时，机会型创业和生存型创业对就业效应的动态分布系数在经济上可以解释，因此取二阶多项式构建创业对就业影响的动态效应模型。

表 7－4 　　　　　　阿尔蒙分布滞后模型多项式阶数 AIC 值和 SC 值

多项式阶数	机会型创业			生存型创业		
	2	3	4	2	3	4
AIC 值	－0.05	－0.04	－0.03	－1.52	－1.58	－1.56
SC 值	0.16	0.19	0.23	－1.31	－1.34	－1.31

资料来源：R 软件输出结果。

三、阿尔蒙分布滞后模型及估计

根据上文确定的滞后期数和多项式次数，基于阿尔蒙分布滞后基准模型，本书将采用如下形式的阿尔蒙分布滞后模型：

$$Emp_t = \alpha + \alpha_0 \sum_{i=0}^{12} Entr_{t-i} + \alpha_1 \sum_{i=0}^{12} i\, Entr_{t-i} + \alpha_2 \sum_{i=0}^{12} i^2\, Entr_{t-i} + \beta_i C + \mu_t$$

$$(7-10)$$

式（7－10）中，Emp_t 表示第 t 年的区域就业增长率；$Entr_{t-i}$ 表示第 t－i 年的区域创业率；C 表示控制变量，包括 Wage（工资增长率）、Invt（固定资产投资变动率）、Pop（人口密度）、PGDP（经济水平）、FDI（外商直接投资水平）；$\beta_i = \alpha_0 + \alpha_1 i + \alpha_2 i^2$，$i \in [0\ k]$，表示区域内滞后 i 年的创业水平对 t 年就业水平的边际贡献。

针对两种创业类型，分别建立滞后 12 期 2 阶的阿尔蒙多项式模型，探讨机会型创业和生存型创业对就业水平的动态影响，结果见表 7－5。回归结果

表 7 - 5 不同类型创业的阿尔蒙模型回归结果

变量	机会型创业	生存型创业
Entrt	0.022	0.010
Entrt - 1	0.012	0.007
Entrt - 2	0.003	0.005
Entrt - 3	- 0.004	0.003
Entrt - 4	- 0.010	0.001
Entrt - 5	- 0.013	0.000
Entrt - 6	- 0.015	- 0.001
Entrt - 7	- 0.014	- 0.002
Entrt - 8	- 0.013	- 0.002
Entrt - 9	- 0.009	- 0.002
Entrt - 10	- 0.003	- 0.001
Entrt - 11	0.004	0.000
Entrt - 12	0.013	0.001
C	0.862 (0.694)	- 1.189 ** (- 2.494)
Wage	0.186 (0.331)	0.371 (1.464)
Invt	0.388 ** (2.173)	- 0.023 (- 0.273)
Pop	- 0.054 (- 0.901)	0.080 *** (2.705)
PGDP	- 0.034 (- 0.325)	0.053 (1.520)
FDI	- 0.011 (- 0.733)	- 0.005 (- 0.709)
R^2	0.112	0.298
F 统计量	1.757 *	5.904 ***

注：括号内为 t 检验值，*** 、** 、* 分别表示在 1%、5% 和 10% 的显著性水平下通过检验。
资料来源：R 软件输出结果。

表明，在机会型创业就业效应阿尔蒙模型中，各控制变量中仅有固定资产投资水平回归系数为 0.388，通过了 5% 的显著水平检验，说明固定资产投资规模增加对私营企业就业水平有积极影响，其他变量的影响不显著。在生存型创业就业效应阿尔蒙模型中，人口密度的回归系数为 0.080，通过了 1% 的显著性水平检验，说明当人口集聚效应提升，个体户就业人数将会增长，其他变量的影响不显著。

根据各滞后期的换算系数，分别绘制机会型创业和生存型创业水平对就业水平的时间趋势图（见图 7 - 1 和图 7 - 2）。

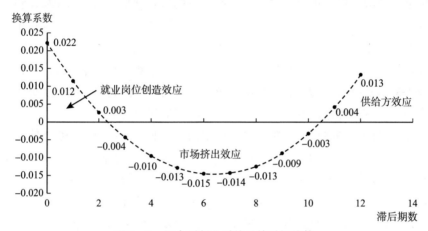

图 7 - 1　机会型创业对就业的时间趋势

资料来源：R 软件输出结果。

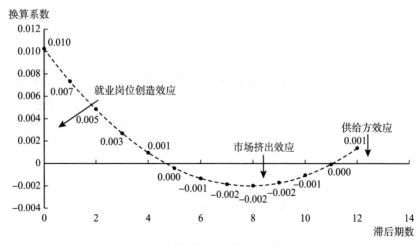

图 7 - 2　生存型创业对就业的时间趋势

资料来源：R 软件输出结果。

　　总体上看，二者对就业增长影响的滞后结构都呈"U"型分布，即初期新创企业会对就业水平有正向影响，随着滞后期增长，中期这种影响会逐渐变成负向，后期创业企业对就业水平的影响再次为正。这说明新创企业产生时会创造就业岗位；随着时间发展，一部分新创企业退出市场，导致就业规模有所下降；而在创业后期，由于供给方效应的作用，创业企业对就业水平有积极影响，这与第二章提及的创业对就业的作用机理相一致。

　　机会型创业和生存型创业对就业水平的影响存在趋势差异。在初期的就业岗位创造效应阶段，机会型创业对就业水平的影响效应总计为 0.036，私营企业创业率每增加一个百分点，私营企业就业水平增长 0.036 个百分点；生存型创业对就业水平的影响效应总计为 0.025，个体户创业率每增加一个百分点，个体户就业水平增长 0.025 个百分点。相比于生存型创业企业，机会型创业对就业水平增长具有更为显著的直接效应，私营企业规模更大，能产生更多的劳动力需求，从而促进就业岗位的创造，更易带动就业。

　　在中期的市场挤出效应阶段，机会型创业企业在创立的 3~10 年间都会对就业水平产生消极影响，影响效应总计为 -0.080；而生存型创业企业在创立的 6~11 年间会抑制就业水平的增长，影响效应总计为 -0.008。机会型创业企业受到的市场挤出效应远大于生存型创业企业，且开始得更早，持续时间更长。这可能因为：一是私营企业较个体户的市场竞争激烈，对区域创业的外部环境更为敏感，部分新创企业容易创业失败被挤出市场，会较个体户提前出现市场挤出效应大于增长效应的情况；二是私营企业的创立会带来技术创新，提高生产效率，从而降低市场劳动力需求，造成就业人数的缩减；三是高新科技企业的创立可能造成新行业的兴起，会对原有的市场产生冲击，致使一部分企业退出市场，造成就业岗位的减少。

　　在后期的供给方效应阶段，机会型创业对就业水平的影响效应总计为0.017，而生存型创业对就业水平的影响效应总计为 0.001。在企业创建 10 年后，与新创企业相适应的市场供给改善，促进新创企业对区域就业水平产生积极影响。

第三节　本章结论

　　本章聚焦创业与就业之间动态关系的研究，首先讨论了动态滞后模型及其估计方法，然后采用阿尔蒙分布滞后模型研究了私营企业创业和个体户创业与就业之间的动态关系。

（1）以创业率衡量的私营企业创业水平和个体户创业水平是研究创业动态影响就业的主要分析指标，通过对比各滞后模型的拟合度，最终确定以滞后12期的2阶阿尔蒙分布滞后模型探讨机会型创业和生存型创业对就业的动态滞后影响。

（2）不论机会型新创企业还是生存型新创企业，二者对就业增长影响的滞后结构都呈"U"型分布，即初期新创企业对就业水平有正向影响，随着滞后期增长，中期这种影响会逐渐变成负向，后期再次为正。这说明新创企业产生时会对就业岗位造成创造效应。随着时间发展，市场选择使一部分新创企业退出市场，就业规模有所下降。在创业后期，由于供给方效应的作用，创业企业对就业水平有积极的影响。

（3）在初期的就业效应阶段，机会型创业比生存型创业对就业水平增长具有更为显著的直接效应，私营企业规模更大，能产生更多的劳动力需求，从而促进就业岗位的创造，更易带动就业水平发展。在3~10年的中期就业效应阶段，机会型创业企业所受到的市场挤出效应远大于生存型创业企业，且开始得更早、持续时间更长。在10年以上的后期就业效应阶段，机会型创业对就业水平的影响更加积极，开辟的新兴行业更好地发挥了规模化的就业增长效应。

第八章
创新创业发展统计测度

我国经济已由高速增长阶段转向高质量发展阶段。创新和创业是推动经济高质量发展的核心和中坚力量，推动创新创业的发展、打造"双创"升级版，有助于深入实施创新驱动发展战略，进一步激发市场活力和社会创造力。

第一节 创新创业发展评价指标体系

一、文献综述

国外在创新创业评价指标体系的研究上开始较早，也较权威，2001 年由欧盟委员会发布的欧洲创新记分牌（简称 EIS）是宏观层面上具有代表性的创新创业评价指标体系。2006 年瑞士洛桑国际管理学院（IMD）发布了《国际竞争力年度报告》，该报告建立的评价体系由 4 层、312 项指标组成，是当今最具权威性的国际竞争力评价指标体系。2007 年发布了《全球创新指数报告》，该创新指标体系除了可以对各国的创新趋势与状况进行分析以外，还可以用来分析各国发展中的长处和短板。2011 年欧盟委员会在 EIS 的基础上公布了创新联盟记分牌（简称 IUS），这一指标体系把 2009 年 EIS 中的 29 项指标替换为 25 个指标，更能反映创新能力与一国经济发展的紧密性，也成为当前最具权威性的创新评价指标体系。孔托莱穆（Kontolaimou，2016）分析了欧洲国家的创新创业效率问题，其中重点研究了技术创新在创新创业中的贡献效率问题。

史梦怡等（2019）针对全国城市双创水平建立评价体系与指数，运用机器学习算法建立国内城市的双创排名，并通过各项指标和城市集聚特征分析城市双创能力的优劣。潘雄锋等（2015）从创新环境、创新资源、创新成果和创新品牌四个维度建立了基于企业层面的区域创新能力评价指标体系，对京津冀地区、东北地区、长三角地区和南部沿海地区的创新能力进行了动态评价与分析。赵瑞芬等（2017）从投入、产出、效率和基础方面构建了京津冀区域创新能力的评价体系，对 2011～2015 年京津冀区域创新能力进行动态比较分析。胡平（2019）通过我国双创实施情况，建立以双创主体、双创资源、双创环境、双创产出为一级指标的评估体系，选择加权 TOPSIS 评价方法对各地区双创效果进行评估。王元地等（2016）从创新创业主体、创新创业环境及创新创业绩效三方面建立区域创新创业能力评价指标体系，利用因子分析和聚类分析对我国 31 个省份创新创业能力进行研究、对比及排名。

二、创新创业发展评价指标体系

为能够更全面地体现当前各省份创新创业发展，本书建立创新创业发展的评价体系，从投入、产出、环境三个维度着手，共选择 9 个二级指标，25 个三级指标，并按照全面性原则、科学性原则、可操作性原则、可比性原则，形成综合评价指标体系（见表 8 - 1）。

表 8 - 1　　　　　　　　　创新创业发展评价指标体系及权重

一级指标	二级指标	三级指标
投入	主体投入	科研机构数量（0.0444）
		本科及以上在校人数（0.0404）
		高技术企业数（0.0419）
		R&D 人员全时当量（0.0416）
	科研投入	高等学校 R&D 课题投入经费（0.0398）
		R&D 经费支出总额（0.0386）
		高新技术产业投资额（0.0364）
	社会投入	R&D 经费中政府资金比重（0.0429）
		政府在社会保障和就业中的支出（0.0338）
		全社会固定资产投资额（0.0372）
		年末金融机构贷款余额（0.0358）

一级指标	二级指标	三级指标
产出	科技成果	专利授权数（0.0385）
		高校发表科技论文数（0.0410）
	高技术经济	高技术产业利润（0.0409）
		省级及以上高新技术产业开发园区净利润（0.0381）
环境	协调	城镇人口占总人口的比重（0.0395）
		城镇登记失业率（0.0434）
		居民消费价格指数（0.0378）
	绿色	生活垃圾无害化处理率（0.0376）
		绿地面积（0.0404）
	开放	高技术产品出口占出口总额的比重（0.0475）
		科技论文进入国外检索工具收录数（0.0486）
	共享	人均公路里程数（0.0409）
		人均拥有公共图书馆藏量（0.0396）
		每万人拥有医疗卫生机构床位数（0.0334）

资料来源：R 软件输出结果。

（一）创新创业投入

投入是创新创业发展的核心，只有不断对创新创业进行投入，才能推动经济向高质量发展。为了更好地反映创新创业投入对创新创业发展的影响程度，本书从主体投入、科研投入和社会投入三个方面进行测度研究。

（1）主体投入。企业、科研院所、高等院校是我国创新活动及基础研发活动的三大主要实施主体，它们能通过一系列创新、研发活动促进成果产出。创新创业主体由科研机构数、本科及以上在校学生数、高技术企业数、R&D人员全时当量构成，反映了科研机构、高校及企业参与创新创业发展的情况。

（2）科研投入。本书选择了高等学校 R&D 课题投入经费、R&D 经费支出总额、高新技术产业投资额 3 个指标反映各省份科研投入情况。

（3）社会投入。社会投入由 R&D 经费中政府资金比重、政府在社会保障和就业中的支出、全社会固定资产投资额、年末金融机构贷款余额构成，反映政府部门和金融机构为创新创业提供的服务。

（二）创新创业产出

创新创业产出是指与创新创业发展有关的各种投入及相关活动所产生的结果，体现各省份成果的转换能力，能准确反映各省份创新创业发展水平。本书选取科技成果和高技术经济进行探讨分析。

（1）科技成果。本书选取专利授权数、高校发表科技论文数两项指标。

（2）高技术经济。高技术企业是知识密集、技术密集、资金密集的实体企业，能够激发企业创新活力，是创新创业发展的主力军。高技术经济主要由高技术产业利润、省级及以上高新技术产业开发园区净利润构成，反映了高技术企业的生产经营情况。

（三）创新创业环境

创新创业发展环境是动态变化的，为创新创业发展活动提供支持与保障作用。本书从协调、绿色、开放、共享四个方面展开有关分析。

（1）协调。协调发展能有效促进我国创新创业行稳致远，解决高质量发展中的不平衡问题。城镇人口占总人口的比重、城镇登记失业率、居民消费价格指数可以反映各省份协调状况。

（2）绿色。绿色发展能有效解决高质量发展中人与自然的问题，只有人与自然和谐相处，创新创业事业才能顺利推动。生活垃圾无害化处理率和绿地面积可以体现各省份环境状况。

（3）开放。开放由高技术产品出口占出口总额的比重、科技论文进入国外检索工具收录数组成。

（4）共享。共享关系到高质量发展公平正义问题，是发展的出发点和落脚点。共享由人均公路里程数、人均拥有公共图书馆藏量、每万人拥有医疗卫生机构床位数反映。

三、全局熵值法

从现有创新创业评价文献来看，权重评价模型分为主观赋权法和客观赋权法两类。主观赋权法根据评价者对各指标的重视程度进行主观评分，采用的模型包括专家打分法、模糊综合评价法、灰色关联法等。客观赋权法依据原始数据信息的联系程度或各指标所提供的信息量来评价，采用的模型包括熵值法、因子分析法、主成分分析法、灰靶理论法、突变级数法等。

主观赋权法主要根据人们对指标重要性的主观看法给出相应权重,因此忽视了评价指标数据所提供的信息量,导致权重确定缺乏客观的科学依据,评价结果存在失真的可能。客观赋权法能有效避免主观性强的缺点,但是其赋权模型仅能给出最后的评价综合得分,不适用于计算指标权重和构建指数。熵值法是根据指标数据传递的信息量大小在总信息量中所占权重大小进行赋权的评价方法。该方法不仅能充分利用评价指标数据提供的信息量,而且在一定程度上克服多指标变量间信息重复和权重确定人为因素的干扰,因此评价结果更为科学和客观。

本书对创新创业发展构建评价指标体系并进行动态比较,所涉及的数据是立体时序数据,而传统熵值法只能实现指标 – 地区或指标 – 时间二维数据表分析,因此采用全局熵值法构建动态评价模型。全局熵值法的基本原理是先将立体时序数据表各时刻的子表按照时间顺序从上到下排列,然后使用传统的熵值法进行评价。全局熵值法是对传统熵值法的改进,既保留了熵值法客观赋权的优势,又引入全局思想对评价指标进行纵向和横向分析。按照全局熵值法的基本思想,需要将立体时序数据表按照时间顺序整理成二维表,再按照传统熵值法进行计算,具体步骤如下。

用 n 个变量对 t 年内 m 个地区的创新创业水平进行评价,每年都有一张截面数据表 $X^t = (X_{ij})_{m \times n}$,t 年就有 t 张截面数据表,引入全局思想将这 t 张表格按照时间顺序从上到下排列在一起,构成一个 mt × n 的全局评价矩阵,记为:

$$X = (X^1, X^2, \cdots, X^t)'_{mt \times n} = (x_{ij})_{mt \times n} \qquad (8-1)$$

第 j 个指标下第 i 个地区在该指标中所占的比重为 $f_{ij} = \dfrac{x'_{ij}}{\sum\limits_{i=1}^{mt} x'_{ij}}$ ($1 \leq i \leq mt$,

$1 \leq j \leq n$);第 j 个指标的信息熵为 $e_j = -k \sum\limits_{i=1}^{mt} f_{ij} \ln f_{ij}$ ($1 \leq i \leq mt$, $1 \leq j \leq n$),

其中,$k = \dfrac{1}{\ln mt}$;第 j 个指标的信息熵冗余度为 $g_j = 1 - e_j$,各个指标的权重为:

$$\omega_j = \dfrac{g_j}{\sum\limits_{j=1}^{n} g_j} \qquad (8-2)$$

综合评价得分为:

$$F_i = \sum\limits_{j=1}^{n} \omega_j x'_{ij} \qquad (8-3)$$

第二节 创新创业发展统计测度

一、指标权重

本书采用全国 30 个省份数据（不包括西藏、台湾、香港、澳门地区），时间为 2011～2019 年。模型中的被解释变量、控制变量的数据信息均根据《中国统计年检》《中国科技统计年鉴》《中国教育统计年鉴》计算整理得出。通过全局熵值法计算三级指标权重，具体结果如表 8－1 所示。从三级指标来看，每个指标的权重均位于 0.0334～0.0486 区间，各指标权重均匀，说明对创新创业发展的重要性相当。具体而言，高校发表科技论文数、高技术产业利润、科研机构数量、本科及以上在校人数、高技术企业数、R&D 人员全时当量、R&D 经费中政府资金比重、城镇登记失业率、绿地面积、高技术产品出口占出口总额的比重、科技论文被国外检索工具收录数、人均公路里程数 12 个指标权重高于平均权重 0.4，说明他们对创新创业发展具有更重要的作用。

二、统计测度结果

根据 2011～2019 年我国 30 个省份的相关数据，利用全局熵值法计算得到各省份的创新创业指数（见表 8－2）。总体来看，9 年间全国 30 个省份的创新创业发展水平均在提升，其中上海、江苏、广东等东部沿海地区是创新创业发展的领先区域，上海从 41.41 增加至 53.12，江苏从 40.53 增加至 71.00、广东从 40.19 增加至 83.38，它们的得分一直居于全国前 3，广东在创新创业发展方面表现尤为突出。

表 8－2　　2011～2019 年 30 个省份的创新创业指数

地区	2011 年	2012 年	2013 年	2014 年	2015 年	2016 年	2017 年	2018 年	2019 年
北京	34.27	36.01	38.44	40.71	42.92	43.90	46.87	49.27	52.29
天津	19.05	20.60	22.30	22.97	24.56	24.31	24.97	25.91	27.14
河北	13.38	14.92	16.41	18.35	20.52	22.35	24.48	25.54	26.90
山西	11.04	12.37	13.60	15.10	16.79	17.89	17.58	18.91	20.53

地区	2011 年	2012 年	2013 年	2014 年	2015 年	2016 年	2017 年	2018 年	2019 年
内蒙古	12.22	13.70	15.80	16.97	17.79	19.50	20.41	21.30	22.44
辽宁	23.97	26.28	27.62	28.58	29.73	30.91	32.18	33.11	34.40
吉林	15.87	17.34	18.29	19.38	21.01	21.75	22.95	25.68	28.99
黑龙江	18.27	21.25	23.32	24.00	25.31	24.79	26.01	27.45	29.24
上海	41.41	41.87	43.99	45.88	46.75	48.58	50.44	51.51	53.12
江苏	40.53	44.44	46.46	49.20	52.63	55.62	59.26	64.57	71.00
浙江	24.76	27.41	29.92	31.85	34.72	36.64	39.44	43.89	49.28
安徽	14.28	17.25	19.04	20.09	22.15	23.32	24.89	27.37	30.37
福建	16.30	18.00	19.57	20.88	22.87	24.73	26.29	28.43	31.03
江西	10.54	12.55	14.66	16.57	17.94	19.33	21.66	24.83	28.71
山东	25.56	29.03	31.27	33.98	36.52	38.98	41.72	44.36	47.61
河南	14.97	17.74	20.44	22.59	25.19	27.22	28.41	31.45	35.13
湖北	20.86	23.06	25.49	26.89	28.09	29.91	32.98	36.57	40.92
湖南	15.82	17.94	20.10	21.95	24.11	26.25	28.78	30.92	33.53
广东	40.19	43.80	47.47	49.72	54.69	58.36	63.01	72.17	83.38
广西	10.22	12.09	13.32	15.26	16.44	17.77	18.83	20.99	23.61
海南	5.65	8.59	8.84	10.18	10.53	12.93	15.06	15.77	16.67
重庆	12.87	16.08	18.32	20.71	22.43	24.00	25.04	27.32	30.08
四川	23.78	26.10	27.85	30.59	32.06	34.74	37.50	39.86	42.77
贵州	6.86	8.63	11.26	12.95	14.92	15.44	18.18	19.27	20.62
云南	11.64	13.47	15.29	16.94	18.85	18.63	19.12	21.15	23.61
陕西	19.42	20.80	23.56	25.54	27.91	29.12	30.93	33.93	37.56
甘肃	9.29	10.63	11.39	12.60	13.65	14.80	16.54	18.86	21.69
青海	10.83	11.82	13.60	15.14	17.02	18.09	18.89	20.21	21.82
宁夏	9.49	10.11	11.80	13.45	13.84	14.45	16.63	16.51	16.56
新疆	13.14	15.23	16.64	17.55	17.52	17.66	19.47	20.14	21.03

资料来源：根据各年统计年鉴数据计算得出。

重庆、陕西等西部地区创新创业发展追赶态势迅猛，而辽宁、吉林等东北地区的创新创业发展处于相对落后地区。重庆从 12.87 增加至 30.08，陕西从

19.42 增加至 37.56。两省不断培育和优化创新创业环境，激发创新创业主体活力。辽宁从 23.97 增加至 34.40，吉林从 15.87 增加至 28.99，增长速度较慢。东北地区由于经济衰退、老龄化问题严重、人才流失等多种原因，企业转型压力大，创新创业进程相对缓慢。

2011 年创新创业指数最高为上海，41.41，约是最低海南的 8 倍；2019 年，指数最高为广东，83.38，约是最低宁夏的 5 倍。这一差距的缩小，说明创新创业发展的地区收敛趋势明显，全国创新创业不均衡现象有所缓解。

第三节 创新创业高质量发展统计测度[①]

一、创新创业高质量评价体系构建

为适应我国经济发展的新形态，创新创业的评价研究也需体现高质量的特点。本书从高质量投入、高质量产出和高质量环境三方面着手，建立创新创业高质量发展评价指标体系。

（一）创新创业高质量投入

创新创业的高质量投入主要包括：创新创业主体、科研投入、社会支撑三个方面。创新创业主体指标由科研机构数量、本科及以上在校学生数、高技术企业数构成，反映了科研机构、高校及企业参与创新创业高质量发展的情况。科研投入方面，选择了 R&D 人员全时当量、R&D 经费支出总额、R&D 经费占 GDP 的比重、高新技术产业投资额 4 个指标构成科研投入指标，反映各省份科研投入情况。社会支撑指标由 R&D 经费中政府资金比重、政府在社会保障和就业中的支出、全社会固定资产投资额、年末金融机构贷款余额组成，反映政府部门和金融机构为创新创业提供的服务。

（二）创新创业高质量产出

创新创业的高质量产出主要包括科技成果和高技术经济两个方面。科技成果主要反映各省份创新成果的转换能力，技术创新的投入产出能力能够更好地

---

① 陈娟，崔晶晶，罗玲玲，钱潮．创新创业高质量发展水平统计测度和特征分析［J］．统计与决策，2022（7）：75-79.

反映区域创新能力的水平。科技成果指标由专利授权数、科技论文进入国外检索工具收录数、高校发表科技论文数、技术市场输出合同金额构成。用以分析技术创新产出对各省份创新创业高质量发展能力的影响。高技术经济指标由高技术产业利润、高技术产品出口占出口总额的比重、国家级省级高新技术产业开发园区利润构成,体现了高技术企业的生产经营情况。

(三) 创新创业高质量环境

创新创业的高质量环境主要包括共享水平和协调水平两个方面。共享就是让人民有更好的生活,增进人民福祉,共享是高质量发展理念的体现之一。本书选取人均 GDP、城镇单位在岗职工平均工资、城镇居民人均可支配收入、城镇登记失业率作为共享水平的指标,客观反映各省份居民共享经济高质量发展的成果。协调是高质量发展的内生特点,高质量是协调发展的基本要求。各省份高新区在产业发展上根据各自的优势,形成优势产业,有助于增加高新区企业数和第三产业比重,促进各省经济协调发展。协调水平由当年新增国家级高新区企业数和第三产业占 GDP 比重组成,反映各省高新区企业情况和现代化水平。

本书共选取 25 个三级指标构成创新创业高质量发展评价指标体系,体系结构如表 8-3 所示。

表 8-3 创新创业高质量评价指标体系

一级指标	二级指标	三级指标
创新创业高质量投入	创新创业主体	科研机构数量 本科及以上在校学生数 高技术企业数
	科研投入	R&D 人员全时当量 R&D 经费支出总额 R&D 经费占 GDP 的比重 高新技术产业投资额 高等学校 R&D 课题投入经费
	社会支撑	R&D 经费中政府资金比重 政府在社会保障和就业中的支出 全社会固定资产投资额 年末金融机构贷款余额

续表

一级指标	二级指标	三级指标
创新创业高质量产出	科技成果	专利授权数 科技论文进入国外检索工具收录数 高校发表科技论文数 技术市场输出合同金额
	高技术经济	高技术产业利润 高技术产品出口占出口总额的比重 国家级省级高新技术产业开发园区净利润
创新创业高质量环境	共享水平	人均 GDP 城镇单位在岗职工平均工资 城镇居民人均可支配收入 城镇登记失业率
	协调水平	当年新增国家级高新区企业数 第三产业占 GDP 的比重

资料来源：笔者自制。

二、创新创业高质量发展统计测度

本书对我国有代表性的京津冀、长三角、珠三角三大经济区的九个省份的创新创业高质量发展能力进行评价，其中京津冀包括北京、天津、河北，长三角包括上海、江苏、浙江，珠三角包括广东、海南、福建。数据来源于《中国统计年鉴》《中国科技统计年鉴》《中国火炬年鉴》《中国高技术产业统计年鉴》《中国城市统计年鉴》《中国教育统计年鉴》等公开资料。整理得到 2011 ～ 2018 年九个省份的原始数据，运用全局熵值法计算得到创新创业高质量水平动态综合得分（见表 8 - 4）。

表 8 - 4 　　　　　　　九省市创新创业高质量水平动态得分

年份	北京	天津	河北	上海	江苏	浙江	福建	广东	海南
2011	42.00	14.48	10.11	25.78	34.28	18.47	9.61	30.05	9.35
2012	45.90	16.52	11.07	28.09	38.5	21.05	10.92	34.04	8.89
2013	50.36	18.43	11.78	28.81	42.20	23.01	12.00	37.62	9.24
2014	52.86	19.53	13.17	30.92	44.18	24.43	13.21	39.59	9.04

年份	北京	天津	河北	上海	江苏	浙江	福建	广东	海南
2015	56.49	22.03	15.01	32.81	48.13	27.50	14.89	42.47	9.32
2016	59.57	21.97	16.14	36.24	51.87	29.53	16.91	50.26	11.88
2017	62.72	22.49	17.74	38.94	55.24	30.83	18.76	56.13	13.16
2018	64.34	22.43	19.60	41.34	61.23	36.52	20.72	65.68	12.87

资料来源：根据各年统计年鉴数据计算得到。

北京、江苏和广东的创新创业高质量得分较高。具体来说，北京得分从 42.00 增加至 64.34，始终遥遥领先。作为首都，北京有更多的资源和政策支持双创发展，有利于加大科研投入，提高成果转换率。江苏得分从 34.28 增加至 61.23，由于拥有众多高校，能为双创高质量发展提供优质的人力资本，促进其高技术经济发展。广东得分从 30.05 增加至 65.68，其位于珠三角经济区，作为改革开放的前沿，拥有大量的港口以及外资，有助于企业的萌生，促进双创高质量发展。

上海、浙江、天津创新创业高质量得分处于中等。上海得分从 25.78 增加至 41.34，上海是我国的经济中心，拥有雄厚的科技力量，但由于地域较小，生活成本较高，在一定程度上限制了创新创业能力向更高水平发展。浙江得分从 18.47 增加至 36.52，浙江拥有得天独厚的地理位置，众多港口便于进出口，但双一流大学与科研院所的缺乏，使浙江没有足够雄厚的人力资本注入创新创业高质量发展中。天津得分从 14.48 增加至 22.43，良好的共享水平和协调水平为创新创业高质量发展提供了优质环境，但社会支撑的不足阻碍了其高质量发展的深度。

海南、福建、河北创新创业高质量得分较低。海南和福建的得分分别从 9.35、9.61 增加至 12.87、20.72。广东强大的虹吸效应使得海南和福建的创新创业发展缺乏活力，因而得分较低。河北的得分从 10.11 增加至 19.6，创新创业高质量发展较落后，这主要由于其经济基础不够强大，高校不多，科技成果转换率不高导致。

8 年间九省份的创新创业高质量水平都在增长，且得分高的省市增长较快，得分低的省市增长较慢。北京、江苏、广东的得分一路攀升，这是由于我国一线城市和区域中心城市具备知识密集型特点，创新创业资源优势较其他地区明显，且一线省市是我国制造业和创新产业的主要聚集地，具有典型的产业密集型特征，创新创业环境和绩效的优势也较为显著。值得注意的是，广东省2014年后双创得分的增长幅度逐年增大，2018年得分超过北京，跃居第一，且除天津外，其他省市的创新创业水平在2014年以后都有了快速发展，说明国务院2014年提出的"大众创业，万众创新"策略得到了积极响应，创新创业理念日益深入人心，取得显著成效，切实提高了创新创业发展水平。

此外，还可以发现省市之间创新创业高质量发展差距较明显，存在发展不平衡现象。下文将从七个二级指标各经济区得分以及每个经济区在七个二级指标上的表现两个方面，对创新创业高质量发展的结构特征及演进特征进行分析，为进一步提高创新创业高质量发展水平提供事实依据。

三、创新创业高质量发展结构特征

为了洞悉三大经济区创新创业高质量发展之间差距产生的原因，本书将具体通过三大经济区在创新创业主体、社会支撑、科研投入、科技成果、高技术经济、共享水平、协调水平七个方面的表现，分析三大经济区创新创业高质量发展的结构特征。

（一）创新创业高质量投入

从表8-5可以看出，创新创业主体方面，长三角和京津冀的得分略高且相近，分别从7.02增长至8.43、从6.05增长至7.71，稳中有进；珠三角的得分最低但增长迅速，从2.55增长到6.14，分数上涨40.78%，缩小了与京津冀、长三角的差距。科研投入方面，长三角地区的得分最高且增幅最大，从8.4增长到20.73，一直保持领先；京津冀得分从4.88变化至9.59，稳中有进，但2015年以后增长速度变缓；珠三角地区得分从1增加至10.2，其2018年的科研投入力度超越京津冀地区，成为第二。社会支撑强度在2011年有高有低，发展到2018年时基本持平。其中，京津冀地区得分从6.81增至12，长三角地区从3.26增至12.76，珠三角地区从2.09增至11.19，可见珠三角地区的社会支撑强度增幅最大，长三角次之，京津冀的增长相比之下较缓慢。

表 8 – 5   三大经济区在创新创业高质量投入得分

年份	创新创业主体			科研投入			社会支撑		
	京津冀	长三角	珠三角	京津冀	长三角	珠三角	京津冀	长三角	珠三角
2011	6.05	7.02	2.55	4.88	8.40	1.00	6.81	3.26	2.09
2012	6.58	7.78	3.03	5.91	10.36	2.33	7.41	4.67	1.27
2013	6.80	8.08	3.72	6.75	12.22	3.05	8.63	5.26	2.42
2014	7.40	8.27	4.25	7.36	13.37	3.56	8.73	6.44	2.88
2015	7.52	8.39	4.51	8.23	14.73	4.57	11.34	8.16	4.17
2016	7.82	8.29	5.27	8.44	16.26	6.35	10.87	9.50	8.31
2017	7.99	8.48	5.86	8.69	18.05	8.03	12.37	11.14	11.45
2018	7.71	8.43	6.14	9.59	20.73	10.20	12.00	12.76	11.19

资料来源：根据各年统计年鉴数据计算得出。

在创新创业主体发展变化趋势上，京津冀和长三角地区得分的增长速度非常平缓，珠三角地区的增长较为明显（见图 8 – 1）。由于上海、江苏、浙江三地的教育资源雄厚，高校云集，经济较发达，高技术企业数占比较高，所以长三角的创新创业主体得分一直保持第一。珠三角与长三角、京津冀的得分差距逐年减小，说明珠三角的创新创业主体实力迅速攀升，科研机构数、高校人数和高技术企业数增加较快。

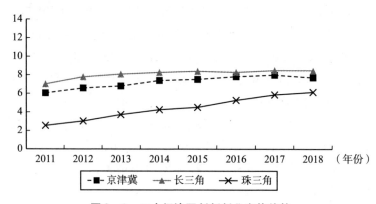

图 8 – 1   三大经济区创新创业主体趋势

资料来源：根据表 8 – 5 的数据，笔者自制。

在科研投入发展变化趋势上（见图 8 – 2），长三角地区的科研投入力度一直稳居第一, 且增长速度较快, 造成与其他两个区域的差距逐年增大, 而京津冀增长速度一直较平缓。由于 2014 年以后广东省的科研投入力度逐年加强, 珠三角的得分增长速度也随之加快, 2018 年反超京津冀, 成为科研投入强度第二的经济区。2011~2018 年, 三个地区的科研投入力度都有明显增强, 投入和产出密切相关。

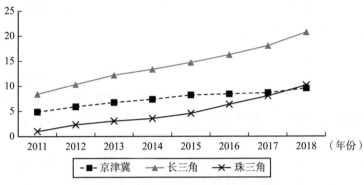

图 8-2 三大经济区科研投入趋势

资料来源: 根据表 8-5 的数据, 笔者自制。

在社会支撑发展变化趋势上 (见图 8-3), 京津冀地区的社会支撑得分呈现波动式上升, 2016 年北京和天津政府在社会保障中的支出减少, 使得京津冀的社会支撑得分略微下降, 随后 2017 年稍有回升但 2018 年又出现下降, 社会支撑力度呈现不稳定的状态。珠三角地区的得分在 2015~2017 年增长最多, 但 2018 年也出现下降。相比之下, 长三角地区的增长速度快而稳, 在期末成为

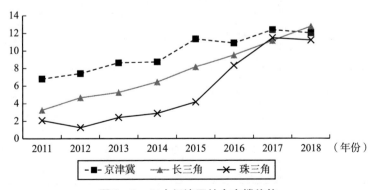

图 8-3 三大经济区社会支撑趋势

资料来源: 根据表 8-5 的数据, 笔者自制。

社会支撑投入领跑者。8 年来，三个地区的社会支撑强度都有明显加大，政府部门和金融机构为企业创业和发展提供越来越多的帮助，这能够缓解各类企业，尤其是刚成立企业的资金短缺问题，促进就业机会公平和社会纵向流动，实现创新、创业、就业的良性循环。

（二）创新创业高质量产出

科技成果方面表明（见表 8 - 6），长三角和京津冀地区的得分相对较高，在研究期内，分别从 7.09 增长到 13.80、从 5.17 增长到 12.34；而珠三角地区在期初得分不到 1，期末也仅为 6.38，有着显著的差距。高技术经济方面，长三角地区水平最高，且增长显著，从 5.46 增加到 10.26，增幅达到 88%；珠三角地区水平适中，从 2.32 增加到 6.45，且在 2015 年之后涨幅较快；京津冀地区增长缓慢，仅从 2.32 增加到 3.42，增幅不到 50%。由于北京、江苏和上海三地集中了大量优质的受过高等教育的人力资本，科技论文数、专利授权量、技术市场交易额等远高于其他省份，因此，长三角和京津冀地区的科技成果得分较高。珠三角的得分最低是由于海南科技产出能力较弱，珠三角整体的科技成果产出不佳。值得注意的是，近些年来，广东的科技产出水平呈现出了迅速发展的势头，特别是在专利产出方面，拥有能与北京相媲美的实力，成为珠三角地区创新创业发展的"领头羊"，未来将带动周边省市一起推动珠三角区域的创新创业高质量发展。

表 8 - 6 　　　　　　　　　三大经济区在创新创业高质量产出得分

年份	科技成果			高技术经济		
	京津冀	长三角	珠三角	京津冀	长三角	珠三角
2011	5.17	7.09	0.79	2.32	5.46	2.32
2012	6.26	8.34	1.21	3.01	5.73	3.11
2013	7.31	8.86	1.67	3.72	6.34	3.73
2014	8.23	8.99	1.74	3.96	6.99	3.45
2015	9.55	10.54	2.99	4.01	7.96	4.13
2016	10.58	11.24	3.83	3.64	9.23	4.89
2017	11.53	12.08	4.80	3.76	9.36	4.32
2018	12.34	13.80	6.38	3.42	10.26	6.45

资料来源：根据各年统计年鉴数据计算得出。

从科技成果发展变化趋势看（见图 8-4），三大经济区的科技成果产出都一直呈现增长的态势，且 2014 年以后的增长速度更快，特别是珠三角地区 2014 年以后涨势明显，说明创新驱动发展战略的实施有显著效果，我国创新创业水平已经在向着更深层次的高质量发展。

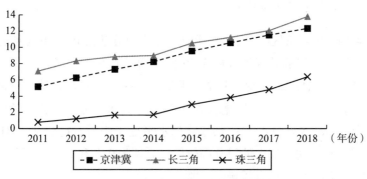

图 8-4　三大经济区科技成果趋势

资料来源：根据表 8-6 的数据，笔者自制。

从高技术经济的发展变化趋势可以发现（见图 8-5），长三角的高技术经济一直优于珠三角和京津冀，且长三角和珠三角在近几年发展速度加快，京津冀 2014 年以后的得分不升反降。这是由于广东和江苏的高技术产业是两省经济发展的主要支撑力量之一，高技术产业利润极高，发展较快，带动了长三角和珠三角整体的高技术经济发展。而河北和天津高技术经济的相关指标数值有所下降，造成了整个区域的高技术产业呈现实力下降的态势。8 年间，长三角

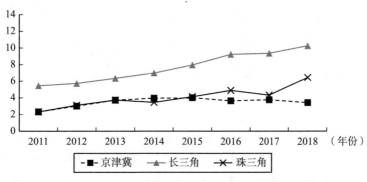

图 8-5　三大经济区高技术经济趋势

资料来源：根据表 8-6 的数据，笔者自制。

地区的高技术经济水平提升最多，2011～2017 年珠三角和京津冀的得分一直相差不大，但 2018 年珠三角的得分猛增，与京津冀拉开较大差距，这主要是由于广东省的高技术经济发展速度远高于其他省市，其各项高技术经济指标的数值都属最高，拉高了珠三角的整体得分。

（三）创新创业高质量投入

研究期内三大经济区的共享水平和协调水平得分都在 10 以下（见表 8 - 7）。共享水平方面，京津冀地区得分从 3.56 稳步增长到 9.74；长三角地区增速最快，分数从 2.77 增长到 9.79，共享水平从最低提升到最高；珠三角地区的得分较低且增长较慢，仅从 3.03 增长到 6.73。协调水平方面，长三角的得分略高一筹，从 1.36 增长到 4.32；京津冀的水平处于中游，得分从 1.31 增长到 3.27；珠三角在期初、期末的得分都较低，分别为 0.5 和 2.96，可见三大经济区的协调水平都偏低且提升缓慢。

表 8 - 7　　　　　　　　　　三大经济区在创新创业高质量投入得分

年份	共享水平			协调水平		
	京津冀	长三角	珠三角	京津冀	长三角	珠三角
2011	3.56	2.77	3.03	1.31	1.36	0.50
2012	4.53	4.23	3.39	1.77	1.83	0.99
2013	5.38	3.99	3.61	2.05	2.15	0.95
2014	6.15	4.61	4.20	2.18	2.29	0.94
2015	6.72	5.65	4.39	2.91	2.63	1.19
2016	7.40	6.52	4.63	3.72	2.77	1.88
2017	8.32	8.09	5.51	3.64	3.14	2.59
2018	9.74	9.79	6.73	3.27	4.32	2.96

资料来源：根据各年统计年鉴数据计算得出。

三大经济区在共享水平上的得分都呈增长趋势（见图 8 - 6），说明各地区的居民生活水平都在提高，创新创业环境在不断优化。2018 年长三角地区的得分超越京津冀地区，成为三者之首，这主要是因为河北的共享水平提升缓慢，影响了京津冀整体的得分；珠三角地区的共享水平虽不断提高，但福建较高的城镇登记失业率和海南较低的城镇居民可支配收入限制了珠三角地区共享水平的提升速度。

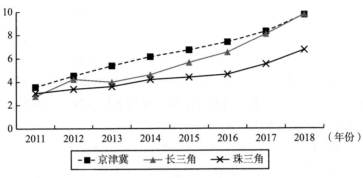

图8-6 三大经济区共享水平趋势

资料来源：根据表8-7的数据，笔者自制。

三大经济区的协调水平得分都有增长，长三角和京津冀的得分呈现"你追我赶"的现象，且略高于珠三角地区（见图8-7）。2016年以后，京津冀地区的得分连续两年出现回落，主要是因为北京的当年新增国家级高新区企业数发生减少；而珠三角地区的得分在2015年以后增长幅度变大，且2018年深圳高新区新增企业数高达3794家，使得珠三角的协调水平在期末基本与京津冀地区持平。

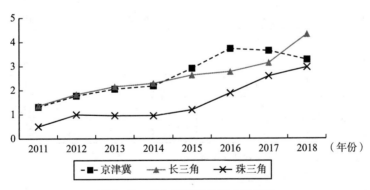

图8-7 三大经济区协调水平趋势

资料来源：根据表8-7的数据，笔者自制。

四、创新创业高质量发展动态分析

对三大经济区七个二级指标进行结构分析，得到三大经济区的创新创业高质量水平动态得分（见表 8-8）。研究期内，长三角地区的创新创业水平一直领先于其他两经济区，得分从 35.35 增加至 80.09，是三个经济区中的领军者。上海综合服务功能齐全，江苏经济实力强，浙江民营经济活跃，苏沪浙三地一体化进程顺利，且根据结构分析的结果，三地整体的科技成果产出、高技术经济水平和科研投入强度较突出，这带动了长三角创新创业的高质量发展。京津冀地区创新创业高质量发展情况仅次于长三角，得分从 30.09 增加至 58.06。作为我国的政治中心带，京津冀具有浓厚的政治文化底蕴，思想先进，敢于开拓，科技成果转化能力取得巨大进步，又有对外开放的区位优势，其投入 - 产出结构在不断优化，创新创业环境在不断改善。珠三角地区的创新创业高质量发展水平虽不如其他经济区乐观，却具有巨大潜力，得分从 12.27 增加至50.04。珠三角地区拥有得天独厚的地理位置，毗邻东南亚，西接北部湾，又具有强大的社会支撑，高技术产业聚集，经济协调，因此其创新创业投入、产出和环境三方面得到快速发展，缩小了与京津冀、长三角的差距。

表 8-8　　　　　　三大经济区创新创业高质量发展综合动态得分

年份	京津冀	长三角	珠三角
2011	30.09	35.35	12.27
2012	35.47	42.95	15.32
2013	40.63	46.90	19.14
2014	44.01	50.95	21.03
2015	50.27	58.07	25.95
2016	52.47	63.80	35.17
2017	56.30	70.34	42.56
2018	58.06	80.09	50.04

资料来源：根据各年统计年鉴数据计算得到。

2011~2018 年，三大经济区的创新创业高质量发展水平都有很大提升。长三角地区的变化趋势近乎呈直线，说明其实力在以稳定的速度逐年上升。京津冀地区近几年发展较缓慢，究其原因，虽然京津冀的创新创业环境和科技成果产出较优秀，但 2015 年以后在高技术经济和科研投入上的发展稍有滞后，致使京津冀得分增长受阻。相比之下，珠三角地区近几年的增长势头最为强劲，甚至出现超越京津冀的趋势，这在上节的结构分析中也有体现，自 2014

年以后，珠三角无论是在投入、产出还是环境方面都在快速发展。

第四节　本章结论

本章在国内外创新创业评价研究的基础上，从创新创业的投入、产出和环境三个方面构建评价指标体系，采用全局熵值法对 2011～2018 年我国 30 个省份的创新创业发展水平进行了统计测度，主要结论如下。

（1）创新创业的评价指标体系主要从三个维度展开，即投入、产出和环境。创新创业发展的核心是投入，主要包括主体投入、科研投入和社会投入三个方面，通过 11 个统计指标来衡量。创新创业产出包括科技成果和高技术经济两个方面，通过 4 个统计指标来衡量。创新创业环境包括协调、绿色、开放和贡献四个方面，通过 10 个统计指标来衡量。25 个三级指标、9 个二级指标和 3 个一级指标形成的评价指标体系，较全面地体现了当前我国各地区创新创业发展情况，结合全局熵值法形成各级指标权重，为测度创新创业发展水平奠定基础。

（2）全局熵值法计算得到的三级指标权重均匀，较好地体现了对创新创业发展的重要性。对 2011～2019 年我国 30 个省份创新创业发展水平的测度发现，整体水平在研究期内稳步提升，其中，上海、江苏、广东等东部沿海地区是创新创业发展的领先区域，是我国创新创业活动的领头羊；重庆、陕西等西部地区创新创业发展追赶态势迅猛，而辽宁、吉林等东北地区的创新创业发展相对落后。值得注意的是，2011 年创新创业指数最高是最低的 8 倍，而到了 2019 年，该数值下降为 5 倍，说明创新创业发展呈现一定收敛趋势，创新创业不均衡现象有所缓解。

（3）九省市创新创业高质量发展水平逐年提升，但梯度差扩大。8 年间，北京、江苏、广东的创新创业得分较高，上海、浙江、天津的得分中等，海南、福建、河北的得分较低。各省市创新创业高质量发展水平存在明显的梯度差，且随着时间的推移差距扩大，短期内创新创业高质量发展能力不平衡的局面难以消除。结构分析表明，三大经济区的大部分指标水平均有提升，但京津冀地区的部分指标下滑。科技成果产出和社会支撑强度一直呈增长态势；珠三角地区的创新创业主体增长最为明显；长三角和珠三角地区 2014 年以后的科研投入增长迅速；各地区的共享水平和协调水平在 2014 年以后几乎都呈增长趋势且增长速度逐年加快，只有京津冀地区的协调水平近几年有所下降；除此之外，京津冀地区的高技术经济水平近几年也出现滑落。三大经济区创新创业高质量发展水平提高，珠三角增长最为突出。综合动态评价中，长三角地区的创新创业高质量发展水平一直最高，且增长幅度稳定；京津冀地区水平次之，近几年增长速度变缓；珠三角地区水平最低，但2014年以后增长速度最快，实力提升明显，与另两地的差距也逐年减小，有超越京津冀地区得分的趋势。

第九章
结论、建议及展望

　　本书重新梳理了创业的内涵，从理论上界定了创业的定义及本质；梳理了创业的类型和途径，阐述了创业与经济增长和就业直接的理论关系，并结合空间经济学的视角，分析他们之间的空间作用机制，搭建了一个比较完整的创业、经济增长和就业研究的理论框架。此外，在高质量发展的背景下，尝试对主要驱动力的创新创业发展构建综合评价体系。

　　基于我国 30 个省份统计数据，从创业的两个角度采用统计指标衡量各地区私营企业创业和个体户创业水平；结合经济发展不均衡情况，从八大经济区视角衡量各区域的创业发展水平并展开分析；采用面板聚类分析方法从不同活跃度的视角衡量创业发展变化特征。通过空间相关性分析发现私营企业创业和个体户创业与经济增长之间存在的空间相关性，进而建立空间杜宾模型展开空间影响效应的研究，并依托空间溢出模型具体分析了直接效应和间接效应的溢出影响效果。在研究期内，讨论三个不同时段经济增长的绝对收敛特征；在此基础上，考虑创业作为条件时，全国和八大经济区的经济增长的各种条件收敛特征。以私营企业就业和个体户就业为分析对象，刻画我国各地区就业的发展变化情况；在此基础上构建两种类型的创业对就业影响的普通面板回归模型；着重对私营企业创业与就业之间存在的空间相关性展开空间影响效应和溢出效应的实证分析。构建创新和创业发展的评价指标体系，对各地区的双创发展水平进行测度，进而对部分地区的创新创业高质量发展水平进行研究，明确其发展变化的结构特征。

　　本书在创业发展水平测度分析的基础上，提出了促进各地区创业发展的政策建议；在创业影响经济增长和就业的空间效应基础上，形成了创业驱动经济高质量发展的政策建议；在创业加速各地区经济增长差异收敛性和扩大就业的滞后性的实证研究基础上，提出了缩小地区不均衡和实现就业增长的政策建议；在创新创业及其高质量水平的综合评价测度基础上，提出了促进创新创业高质量发展的对策建议。

第一节　研究结论

一、创业水平统计测度研究结论

（1）我国各省份的私营企业创业研究期内基本呈现上升趋势，从平均值排名看，上海、北京和广东位列前三，而黑龙江、湖南和新疆三个地区排名最后。个体户创业的变化有显著不同，研究期内部分地区的个体户创业指数出现负值。北京地区的个体户创业水平在期初达到最大，之后一直下降直到出现负值，这主要由其特殊的区位特征所决定，类似的情况也发生在上海。从两类创业指数的地理分布看，创业活动程度整体呈现由东向西递减的趋势，且创业水平相近的省份在地理位置分布上较为集中，从一个侧面表明各地区间的创业差异与空间地理距离具有密切关系。

（2）我国八大经济区私营企业创业发展情况表明，东部沿海和南部沿海的创业水平均处在前沿水平，且有较大的上升涨幅；北部沿海在期初的创业水平走向相对比较平稳，而在中后期上升趋势明显；西南地区、长江中游、东北地区、黄河中游、西北地区和沿海地区相比均处于较低水平，且存在较大的差距，但从总体来看，也处于缓慢上升的阶段并有了一定的涨幅。另一方面，八大经济区个体户创业发展情况比较复杂，从整体发展趋势看，个体户创业指数大致呈波动上升趋势，各地区的创业水平均有不同程度的增加，且不同地区间个体户创业水平差异较小。其中，南部沿海地区的个体户创业水平增长最快，其次是东部沿海，北部沿海的发展相对较慢，东北地区、黄河中游和长江中游地区的个体户创业在期初为负值。相比于私营企业创业，在研究期末八大经济区的个体户创业水平相对较高，差距也相对较小。

（3）采用面板聚类分析将两类创业指数进行分类后，进一步研究了私营企业创业在三种不同活跃度、个体户创业在四种不同活跃度下的发展变化特征。私营企业创业高度活跃地区的创业水平始终处于相对较高的水平，期初发展变化比较稳定，中后期则呈现快速增长，与一般活跃和不活跃地区的差距显著扩大；一般活跃和不活跃地区的创业水平在期初基本相当，但在中后期，一般活跃地区维持了相对较快的增速，与不活跃地区的差距逐步增大。个体户创业的不同活跃度发展变化更波动、更复杂，趋势不显著。研究初期比较活跃地区的创业水平较高，高度活跃地区和一般活跃地区的创业水平期相当，不活跃地区的创业水平为负；中期之后，高度活跃地区保持了较快的增长速度，不仅超越比较活跃地区和一般活跃地区，而且差距越来越大，均在期末达到最大值。相比之下，不活跃地区的创业水平中后期开始逐步下降。

二、创业对经济增长的空间效应研究结论

（1）我国创业水平在空间上具有集聚状态和空间自相关性，区域创业水平对经济增长的影响适用于构建空间杜宾模型。研究发现，不论在地理位置邻近区域还是创业水平相近区域，私营企业创业均对区域经济增长具有显著的拉动作用，而个体户创业在一定程度上会制约区域经济发展，但这种负面影响并不明显。

（2）创业水平对经济增长的空间溢出效应表明，私营企业创业会促进该区域内部的经济增长，地理位置邻近区域的私营企业创业可能会抑制其他相邻区域的经济增长，创业水平相近区域的私营企业创业会促进其他相邻区域的经济增长；个体户创业可能会抑制该区域内部的经济增长，对创业水平邻近地区的溢出效应不显著，但会显著促进地理位置邻近地区的经济增长。

（3）在控制变量中，人力资本存量、物质资本存量、人均研发支出投入、人均技术市场成交额、对外开放程度均对促进区域经济增长具有积极作用。且不论在地理位置邻近区域还是在创业水平相近区域，人力资本存量系数相对更大，对该区域内及区域间的经济增长促进作用最强，溢出效应最大。增加R&D经费投入、提高区域对外开放水平，有利于推动地区经济增长。同时，技术交易作为连接科技与经济的关键纽带，有利于加速技术和劳动、资本等生产要素的融合，提高资源配置效率，促进经济发展。

三、创业对经济增长收敛研究结论

（1）时间维度的绝对收敛模型表明：在整个样本期间，经济发展具有收敛性，即经济水平越低的省市，经济增长速度越快，最终各省市经济水平将逐渐趋向于同一水平，消除地区经济差距大约需要14.4年。从不同时段来看：2005~2008年和2009~2013年，经济发展表现出较好的绝对收敛特征，相比经济水平较高的地区来说，落后地区的经济增长速度相对更快，最终经济将趋

于同一水平；而 2014～2018 年，经济增速与初始经济水平的反向变动关系不显著，不存在收敛特征。各时间段经济增长收敛速度表现为先升后降的趋势，2009～2013 年收敛速度最快，其次是 2005～2008 年，而在 2014～2018 年，绝对收敛不显著，且收敛速度显著下降，此时缩小地区间经济差距的一半大约需要 87 年。

（2）时间维度的相对收敛模型表明，在 2005～2008 年和 2009～2013 年两个时间段，创业变量的引入使得经济增长收敛速度进一步加快，说明创业活动整体上对缩小我国省际经济差异具有积极意义。而 2014～2018 年，创业变量的引入使得收敛速度小幅下降，延缓了区域协调发展进程，虽然我国创业水平均有所提高，但是各省份之间创业活跃程度存在一定差异，致使创业发展较好的地区发展速度相对更快，从而延缓了中整体经济增长收敛进程。此外，从创业活动类型来看，个体户创业在研究初期阶段对地区经济增长的作用相对较大；而自 2014 年"双创"发展的战略目标明确后，各地区私营企业创业活动数量、质量都得到了显著改善，对经济增长的促进作用逐步提升。

（3）空间维度的绝对收敛模型表明，研究其内除长江中游地区经济没有显著的收敛趋势外，其余七大经济区绝对收敛系数均显著为负，表面各区域内部的经济发展最终将趋于一个共同水平。从收敛速度来看，西北地区的经济增长收敛速度最快，显著高于其他地区，这可能与该地区内所有省市所处的经济环境大致相同，因此经济水平趋同，收敛速度相对较快；黄河中游地区的收敛速度次之，消除区域内部经济差距的一半大约需要 3.75 年；西南地区收敛速度最慢，消除区域内部经济差距的一半大约需要 11.66 年。

（4）空间维度的条件收敛模型表明，黄河中游地区及西南地区创业活动缩小区域内经济差距的能力有限，无法独立作为促进地区经济均衡发展的有效手段；而在东北地区，在考虑创业条件后，经济发展呈现显著的收敛特征，可以认为创业是促进该区域经济增长收敛的有效手段；西北地区在考虑创业变量后，收敛速度呈现小幅下降，创业的差异化发展可能是导致西北地区经济收敛的延缓的原因；其余四大地区在考虑创业因素后，经济增长收敛速度均小幅提升，说明创业活动有助于促进发展相对落后的地区发挥后发追赶优势，推动区域内部经济均衡发展。

四、创业对就业空间效应研究结论

（1）就业的测度结果表明，各地区就业发展基本呈现增长态势，地区间就业发展差异显著，且私营企业就业人数较个体户就业人数差异更大。从分布的情况看，私营企业就业人数主要分布在东部沿海地区，这也是我国经济相对发达的地区；其次是以湖南、湖北和四川为代表的中部地区；然后是山西、内蒙古、海南、新疆和东北地区，就业人数在百万左右。各地区就业水平呈现出显著的空间集聚特征。相比私营企业，个体户的就业分布比较分散，黑龙江的私营企业就业人数期初持续增长，后期急剧下滑；北京的个体户就业人数也是类似情况。

（2）创业对就业的影响因素分析结果表明，私营企业创业和个体户创业对就业的影响均显著为正，且私营企业创业对就业的带动作用较个体户强。人均GDP和外商直接投资水平对就业有显著性影响，说明区域经济水平越高，外商投资环境越好，新创企业越易生存，越能促进劳动力市场发展。对于私营企业创业就业效应而言，人口密度对区域就业效应具有正向的显著影响，人口密度的提升能够促进市场规模、产业结构、创新水平等相关因素的发展，从而形成新岗位的创造。而对于个体户创业就业效应而言，固定资产增长率对区域就业效应具有负向的显著影响，说明此时固定资产投资会抑制就业增长。不论在私营企业创业还是个体户创业的模型中，工资因素都没有表现出对就业的显著影响。

（3）两种创业中，只有私营企业创业对就业的影响具有空间相关性，中部地区的创业正向促进就业的作用表现得十分突出，而全国和西部地区体现得相对较弱。东部地区的区域创业表现出抑制就业增长的情况。各控制变量中，人均GDP对全国和东部地区的就业存在显著正向影响；人口密度对东部和中部地区的就业具有显著正向影响；外商直接投资水平对东部地区的影响显著为负，而对全国和其他地区的影响显著为正；固定投资仅对东部地区有显著的正向影响，对全国和其他地区的影响虽然为正，但不显著；工资增长率对就业影响虽然为正，但在各个地区均不显著。各种估计模型的空间效应检验说明各地区就业水平的发展不是独立的，存在显著的空间溢出效应。

（4）空间溢出效应的结果表明，在全国层面，区域创业通过增加本地区就业而促进整体就业水平的提升；在中部地区，区域创业对本地区和邻近地区的就业均有促进作用，两者共同增加了中部地区的就业；在西部地区，区域创业则会促进邻近地区就业水平的增加而促使西部地区的就业增加；在东部地区，区域创业对本地区就业具有显著抑制作用，从而导致整体就业水平的下降。各控制变量对就业的影响，东部地区的就业发展水平不仅受本区域固定资产投资规模、本区域及邻接区域人口密度和经济发展的正向显著影响，还受邻接区域外商直接投资规模的负向显著影响；中部地区的就业发展水平受本区域人口密度及邻接区域固定资产、外商直接投资规模的正向显著影响，还受邻接区域经济发展的负向显著影响；西部地区的就业发展水平仅受本区域外商直接投资的正向显著影响。

五、创业对就业动态滞后效应研究结论

（1）本书通过滞后 12 期的阿尔蒙分布滞后模型研究发现私营企业创业和个体户创业对就业增长影响的滞后结构都呈"U"型分布，即初期新创企业会对就业水平有正向影响，随着滞后期增长，中期这种影响会逐渐变成负向，后期创业企业对就业水平的影响再次为正。这说明新创企业产生时会对就业岗位产生创造效应；随着时间的推移，市场选择的作用使一部分新创企业退出市场，导致就业规模有所下降；而在创业后期，由于供给方效应的作用，创业企业对就业水平有积极的影响。

（2）在初期的就业效应阶段，私营企业创业比个体户创业对就业水平增长具有更为显著的直接效应，私营企业能产生更多的劳动力需求，从而促进就业岗位的创造，更易带动就业水平发展。在 3～10 年的中期就业效应阶段，私营创业企业所受到的市场挤出效应较大；在 10 年以上的后期就业效应阶段，私营企业创业对就业水平的影响更加积极，能开辟出新兴行业，更好地发挥规模化的就业增长效应。

六、创新创业发展统计测度研究结论

（1）创新创业的综合评价主要从投入、产出和环境三个维度展开，通过构建 25 个三级指标、9 个二级指标和三个一级指标的评价指标体系，并结合全局熵值法对我国 30 个省份 2011～2019 年创新创业发展水平进行了统计测度。研究期内，我国各地区创新创业发展水平均稳步提升，上海、江苏、广东等东部沿海地区是创新创业发展的领先区域，重庆、陕西等西部地区创新创业发展追赶态势迅猛，而辽宁、吉林等东北地区的创新创业发展相对落后。创新创业发展随着时间的变化呈现出一定收敛趋势，地区间不均衡现象有所缓解。

（2）从高质量投入、高质量产出和高质量环境三方面构建了综合评价指标体系来衡量创新创业高质量发展水平。研究表明，9 省市创新创业高质量发展水平逐年提升，北京、江苏和广东处于领先地位；上海、浙江和天津处于中

等水平；海南、福建和河北相对落后。各省市创新创业高质量发展水平存在明显的梯度差，短期内创新创业高质量发展能力不平衡的局面难以消除。创新创业高质量发展的结构分析表明，三大经济区的大部分评价指标水平均有提升，但京津冀地区的部分指标下滑。长三角地区的创新创业高质量发展水平一直最高，且增长幅度稳定；京津冀地区水平次之，近几年增长速度变缓；珠三角地区水平最低，但2014年以后增长速度最快，实力提升明显，与另两地的差距也逐年减小，有超越京津冀地区得分的趋势。

第二节　对策建议

根据本书的研究结果，为了进一步促进创业、经济增长和就业三者之间的协调发展，在提升创业发展质量的同时，提升经济发展质量，实现经济高质量发展的战略目标，本书尝试从以下几个方面提出政策建议，为政府制定科学合理、有针对性的发展战略提供参考。

一、促进创业发展的对策建议

（1）政府加大创业活动的扶持力度，设立促进创业活动开展的专项资助资金，帮助扶持创业企业在发展前期能够生存下来。从税收减免、土地优惠、减少审批环节等方面帮助创业企业开展创业活动，加强区域间的联系，鼓励企业之间进行技术上的交流与合作，提高生产要素的外溢效应，提升企业的创业质量，有效调动创业企业的创业积极性，营造良好的创业环境。加强对个体的创业教育和培训，对创业者给予一定的税收优惠政策、银行金融信贷对创业企业给予更多的金融支持，鼓励私人资本进入创业领域、支持风险投资行业的发展等。

（2）增强创业资源凝聚能力，加快推进创业园区建设和服务的平台。搭建龙头科研院所、高校、企业、风险创投机构、创业科技园等各类创业主体资源的空间载体（创业园区、孵化器、众创空间、创意小镇等），进一步引进多种资源，包括但不限于相关行业协会、相关产业联盟。推动各种创业资源的协同合作与交流，提升创业园区集聚创业资源的能力。努力建设、优化园区内交通基础设施，提升园区各项基础配套硬件设施的同时，提升专业化、科技、法律、信息等高端增值服务，更好地完成创业企业的孵化与培育。通过创业园区建设和平台服务，集聚集约发展，形成规模效应，降低创业成本，激发创业活力，提高创业成功率和创业质量。

二、创业发展促进经济增长的对策建议

（1）创业对经济增长有显著的正向空间影响效应，应当采取多种鼓励创业的措施，发挥创业拉动区域内部和区域间经济增长的联动作用。通过一系列在鼓励支持大众创业的同时又能促进资本积累的政策，引导创业和资本积累的紧密结合，充分发挥创业和资本积累对经济发展的协同影响作用。

（2）在创业高度活跃地区，政府部门应当进一步完善技术交易市场，不断提高知识的流动性与转化率。同时，营造良好的创业环境，充分调动企业参与科技创新与成果转化的积极性，重点加强对创新型中小企业的政策扶持。在创业一般活跃地区，政府部门应该鼓励并保护创新型企业发展，提升知识的商业化水平，将自主研发技术和引进的新技术投入市场，提高企业的创新能力与市场竞争力。此外，地方政府还可以考虑加大引才政策，缓解区域内人才流失现象。对于创业不活跃地区，政府要积极融入"一带一路"建设，努力改善创新环境，扩大科技产出，大力扶持传统特色优势产业，推进创新型中小企业快速发展，不断提升区域竞争力。同时，政府部门应该加大当地教育经费的投资力度，提升中西部教育发展水平，为地区的长远发展奠定坚实的基础。

三、促进创业水平提升带动就业发展

（1）创业会促进就业人数的增长，两者存在显著的空间交互作用，具有集聚特征。因此，一方面，政府要将创业活动推及大众层面，使创业活动成为社会各个阶层共同参与的经济活动，促进社会主体创新能力释放，激发创业热情，鼓励更多的社会主体投入创业；另一方面，政府要加大对于创业活动的扶持力度，大力引导并扶持科技创业，提升创业政策的红利激励，完善创业服务体系，促进创新型企业建立。创业企业间存在相互影响效应，应促进区域间创业企业的沟通交流，开展不同地区的创业企业间的对接活动，分享创业经验，提升企业活力，创造更多的就业机会，提高就业率，充分发挥创业带动就业的最大效用。

（2）尽管东部地区的创业活动表现出对就业的抑制，属于创业中期对就业的挤出效应，但从长远来看，到创业的后期，仍然能够为就业带来正向推动

作用。因此，对于东部地区的创业活动，应该发挥供给侧改革的效应，通过互联网、数字经济、平台经济等现代化手段实现多领域创业融合，为传统产业提供发展动能，以创新驱动发展，鼓励更具创新性的创业企业发展，增加新产业新业态的创业活力，提高就业效率。整合科研院所和高校资源，对于具备创新能力的高校毕业生鼓励其通过创业学以致用，优化创业服务体系，对于科技型创业企业提供方简便借贷流程。考虑到当前创业的挤出效应，应适当采取宏观政策进行指导，有效预测失业风险，通过建立创业联动机制、失业保险等鼓励失业人员实现自主创业。对于中西部地区，通过创业宣传、教育培训、营造创业生态环境、鼓励大学生返乡创业，大力发展养老、托幼、健康等现代服务业，为人民提供更多的就业岗位。打破各种要素束缚，政府通过政策手段不断优化各种要素投入，最大限度发挥创业对就业的带动作用，实现一人创业带动一群人就业的良好经济效应。适当引导发达地区产业向中西部地区转移，提升中西部地区经济发展。

（3）经济发展水平是对东部地区就业影响最为显著的关键因素。因此要进一步推进东部各地区经济发展，形成规模效应，带动邻接区域经济的同向发展，产生经济溢出，刺激劳动力人口流入，从而促进新创企业的产生和就业水平提升。固定资产投资的增加和人口密度的提升也会对本地区就业水平产生积极影响，且促进邻接区域就业水平发展。固定资产投资变动率对中部地区的就业影响最大，国家和政府应加大相应资本要素投入，充分发挥刺激带动作用。同时，增加人口密度和加大外商直接投资水平也对中部地区就业起到较好的促进作用。西部地区就业主要受外商直接投资的影响，由于自身发展比较落后，因此其他控制变量很难发挥带动作用，引进更多的外商直接投资是较好的途径和方法。

四、创新创业高质量发展的对策建议

（1）非首都功能促京津冀发展。北京、天津、河北的创新创业水平存在较大的梯度差，京津冀区域内部发展极不平衡，北京对天津、河北的虹吸现象一直存在，京津冀地区的创新创业人才、资金、资源均不同程度地向北京聚集，北京应进一步加大非首都功能疏解力度，将与天津、河北配置重叠的资源逐步转移出去，集中力量提升区域原始创新能力。天津应大力提升技术研发和成果转化能力，借力北京中关村科技资源，探索打造具有世界创新影响力的京津创新共同体，拓展海外招商渠道，推动国际科技资源向天津市聚集。与北京、天津相比，河北省的创新创业水平一直较低，主要是由于河北省创新创业资源比较缺乏，应加强与京津高等院校及科研院所的合作平台建设，广泛吸引京津两地科技创新资源，强化创新创业的区域协同发展。

（2）加快苏沪浙三地一体化进程，稳步提速创新创业高质量发展。长三角是国家战略的叠加地，创新创业高质量评分居中，创新创业发展稳中求进。浙江的创新创业主体增量较少，且在创新创业高质量发展中所起的作用降低，因此长三角地区需要不断优化产业结构，改善企业创新难的问题。上海是长三角的龙头，建议以大虹桥商务区为中心，构建长三角自由贸易网。江苏和浙江应加快转型，主动接轨上海，坚持凸显自身优势，打造全球产业技术创新中心。一是增强创新型企业带动作用，大力推行以企业为主体的研发机构建设计划，强化研发投入和人才聚集。二是建立国家级协调领导机构，从注重要素合作转向制度合作，建立健全长三角互动合作机制。

（3）广东省辐射带动珠三角协调发展。广东省的创新创业高质量发展水平在珠三角地区处于引领地位，广东省应利用好雄厚的经济基础，得天独厚的地理位置，吸引华侨资金促进珠三角的创新创业高质量发展。加大招商引资，为创新创业高质量发展提供资金保证；加大与港澳地区的交流，促进信息、人才和科技的联系，为珠三角注入新活力；促进政府资金注入高科技产业，降低企业运营风险。此外，广东省作为最先对外开放的省份之一，在各方面均具有明显优势，对周边资源的虹吸效应导致海南、福建等地的创新创业资源不足。因此，广东省应加大对海南省与福建省的对口帮扶，将资源密集型和劳动密集型的产业转移到珠三角其他地区。

第三节　未来展望

本书的研究聚焦于创业相关问题的研究，虽然在已有研究成果的基础上进行了一定的探索，但在创业的内涵界定、测度指标、创业与经济增长的影响关系、创业与就业影响关系的研究方面还存在不足，有待进一步丰富与完善。

（1）创业的内涵与界定有待进一步完善。本书在综合和借鉴国内外学者观点的基础上，重新明确了创业的含义和本质，具有一定的科学性和合理性，但是也可能存在不足，有待未来的理论和实践研究进行检验。

（2）创业发展的测度指标有待进一步修改和完善。本书采用全球产业观察专门针对中国实际而定义的两类指标 CPEA 指数和 IE 指数，该指标虽然比较容易衡量，但也存在不够准确的问题，未来学者可以对该指标进一步进行完善，或者提出更具代表性，容易操作的衡量指标。

（3）在创业与经济增长影响关系的研究中，各影响因素的选择众说纷纭，存在一定的分歧。本书仅选取了七个宏观因素指标展开分析，对于创业影响经济增长空间特征的研究具有一定的借鉴意义。在以后的研究中可以纳入更多的其他相关因素，更全面地考察创业与经济增长之间的空间影响关系。

（4）本书尝试通过构建评价指标衡量创新创业发展水平，并且评价指标体系的构建也充分考虑到多个方面，尽可能地选择覆盖面广和有较强代表性的统计指标。但是由于指标的可获取性和可测度性，部分指标可能未被纳入指标体系，因此评价指标体系的不断完善和丰富也是未来研究的方向。

附　　录

表1　　　私营企业创业率为解释变量建立的空间计量模型拟合结果

变量	全国	东部地区	中部地区	西部地区
Entr1	0.061 *** (4.775)	0.044 *** (4.618)	0.197 *** (3.830)	0.033 (0.703)
Wage	0.066 (0.338)	0.145 (1.098)	-0.743 (-1.446)	0.237 (0.423)
Invt	0.033 (0.268)	0.228 * (1.868)	0.236 (1.179)	0.022 (0.079)
Pop	-0.035 (-1.065)	0.134 ** (2.351)	0.182 *** (3.273)	0.085 (1.185)
PGDP	0.645 *** (5.555)	0.832 *** (7.714)	0.243 (1.354)	0.257 (0.807)
FDI	0.031 (1.476)	-0.047 * (-1.846)	0.057 (1.137)	0.079 * (1.751)
W × CPEA	0.037 (1.581)	-0.004 (-0.189)	0.289 *** (2.959)	-0.089 (-0.875)
W × Wage	0.230 (0.599)	-0.092 (-0.478)	0.658 (0.660)	1.303 (0.855)
W × Invt	0.446 ** (2.008)	0.504 ** (2.102)	0.797 ** (2.144)	-0.624 (-1.031)
W × Pop	0.021 (0.334)	0.597 *** (5.289)	-0.012 (-0.118)	0.308 ** (2.422)
W × PGDP	0.740 *** (3.690)	0.804 *** (3.588)	-1.475 *** (-5.338)	2.029 *** (3.064)

变量	全国	东部地区	中部地区	西部地区
W × FDI	− 0. 122 *** (− 2. 983)	− 0. 347 *** (− 7. 446)	0. 437 *** (5. 676)	− 0. 056 (− 0. 616)
ρ	− 0. 125 ** (− 1. 949)	− 0. 108 * (− 1. 635)	− 0. 327 *** (− 3. 574)	− 0. 401 *** (− 3. 711)
sigma^2	0. 056	0. 016	0. 048	0. 062
R^2	0. 936	0. 985	0. 782	0. 933
LogL	− 68. 032	124. 581	9. 289	− 7. 738
Wald spatial lag	26. 685 ***	127. 464 ***	126. 222 ***	20. 191 ***
Wald spatial error	24. 401 ***	138. 493 ***	101. 253 ***	14. 876 **
LR spatial lag	23. 522 ***	83. 985 ***	44. 575 ***	18. 185 ***
LR spatial error	25. 777 ***	89. 376 ***	36. 273 ***	14. 198 **
Hausman 检验	0. 561	59. 845 ***	9. 629	85. 163 ***

表 2　　　　　　　基于经济地理矩阵建立的空间计量模型拟合结果

变量	全国地区	东部地区	中部地区	西部地区
CPEA	0. 087 ** (2. 118)	− 0. 047 (− 1. 482)	0. 618 *** (5. 363)	0. 265 *** (2. 674)
Wage	0. 020 (0. 100)	0. 116 (0. 778)	− 0. 226 (− 0. 475)	0. 247 (0. 468)
Invt	0. 188 (1. 508)	0. 371 *** (2. 774)	0. 237 (1. 171)	0. 320 (1. 079)
Pop	− 0. 040 (− 1. 172)	0. 239 *** (3. 823)	0. 028 (0. 358)	0. 017 (0. 229)
PGDP	0. 581 *** (4. 723)	0. 861 *** (7. 139)	0. 451 * (1. 789)	0. 020 (0. 067)
FDI	0. 060 *** (2. 780)	− 0. 028 (− 1. 054)	0. 011 (0. 154)	0. 170 *** (4. 358)
W × CPEA	0. 086 (1. 314)	− 0. 015 (− 0. 345)	0. 186 (1. 182)	0. 411 *** (3. 169)

续表

变量	全国	东部地区	中部地区	西部地区
W × Wage	0.194 (0.699)	0.159 (0.875)	1.062 * (1.697)	1.239 (1.184)
W × Invt	0.307 (1.643)	0.447 ** (2.167)	0.201 (0.613)	1.065 * (1.825)
W × Pop	0.021 (0.426)	0.491 *** (6.006)	−0.086 (−0.900)	0.056 (0.456)
W × PGDP	0.165 (0.902)	0.836 *** (3.897)	−1.087 *** (−2.901)	−0.512 (−1.124)
W × FDI	−0.070 ** (−2.444)	−0.243 *** (−5.477)	0.275 *** (3.254)	0.146 *** (2.625)
ρ	−0.126 ** (−2.043)	−0.101 * (−1.754)	−0.226 *** (−3.009)	−0.335 *** (−4.354)
sigma^2	0.060	0.019	0.049	0.066
R^2	0.931	0.983	0.777	0.906
LogL	−81.108	110.327	−3.991	−31.190
Wald spatial lag	15.383 **	112.152 ***	26.831 ***	19.691 ***
Wald spatial error	15.250 **	113.080 ***	23.572 ***	11.924 *
LR spatial lag	15.024 **	80.040 ***	18.794 ***	16.628 **
LR spatial error	19.637 ***	85.106 ***	14.247 **	11.306 *
Hausman 检验	2.147	54.329 ***	11.754	17.987

参 考 文 献

[1] 白俊红, 王林东. 创新驱动对中国地区经济差距的影响: 收敛还是发散? [J]. 经济科学, 2016 (2): 18-27.

[2] 彼得·德鲁克. 创新与企业家精神 [M]. 彭志华, 译. 海口: 海南出版社, 2000.

[3] 蔡昉, 都阳, 高文书. 就业弹性、自然失业和宏观经济政策? [J]. 经济研究, 2004 (9): 18-25, 47.

[4] 陈娟, 张菲菲, 杨雪怡. 区域创业、空间溢出与经济增长效应研究 [J]. 科技进步与对策, 2020 (4): 44-50.

[5] 陈娟, 罗玲玲, 崔晶晶, 钱潮. 创新创业高质量发展水平测度与特征分析 [J]. 统计与决策, 2022 (7): 75-79.

[6] 陈娟, 王献雨, 罗玲玲, 崔晶晶. 缺失值填补效果: 机器学习与统计学习的比较 [J]. 统计与决策, 2020 (9): 28-32.

[7] 陈强. 高级计量经济学及 Stata 应用 [M]. 北京: 高等教育出版社, 2014.

[8] 程煜, 李鹏. 大学生就业创业与 "互联网+" [J]. 山西高等学校社会科学学报, 2015 (3): 53-67.

[9] 褚萍. 中国西部地区创业型经济发展研究 [D]. 中央民族大学博士论文, 2011 (3).

[10] 储珩, 纪春礼. 创业型经济背景下创业与经济增长机理研究 [J]. 商业经济研究, 2014 (5): 17-20.

[11] 邓强. 创业与经济增长理论评述及启示 [J]. 生产力研究, 2009 (20): 27-29, 35.

[12] 丁玥, 朱华晟, 贺清灿. 广东省创业活动的地区差异及其影响因素 [J]. 经济地理, 2017. 37 (11): 92-98.

[13] 董志强, 魏下海, 张天华. 创业与失业: 难民效应与企业家效应的实证检验 [J]. 经济评论, 2012 (3): 80-96.

[14] 方世建, 桂玲. 创业、创业政策和经济增长——影响途径和政策启示 [J]. 科学学与科学技术管理, 2009, 30 (8): 121 - 125.

[15] 方建国, 刘卓怡. 创新创业的就业效应分析 [J]. 福建行政学院学报, 2017 (5): 49 - 58.

[16] 付宏. 中国的创业活动与就业增长: "难民效应"还是"熊彼特效应"? [C]. 第五届 (2010) 中国管理学年会——创业与中小企业管理分会场, 2010.

[17] 高波, 赵奉军. 企业家精神的地区差异与经济绩效——基于面板数据的估算 [J]. 山西财经大学学报, 2009 (9): 58 - 63.

[18] 高建, 程源, 李习保等. 全球创业观察中国报告 (2007)——创业转型与就业效应 [M]. 北京: 清华大学出版社, 2008.

[19] 高静. 中国技术市场的发展趋势 [J]. 企业经济, 2002 (10): 21 - 22.

[20] 高兴民, 张祥俊. 地区创业水平影响因素的空间计量分析 [J]. 中国科技论坛, 2015 (4): 94 - 99.

[21] 甘宇, 朱静, 刘成玉. 家庭创业及其城乡差异: 金融约束的影响 [J]. 上海经济研究, 2015 (9): 67 - 87.

[22] 龚玉泉, 袁志刚. 中国经济增长与就业增长的非一致性及其形成机理 [J]. 经济学动态, 2002 (10): 35 - 39.

[23] 何丹薇. 论我国生存型创业的就业政策分析 [J]. 经济视角:, 2008 (10): 41 - 42, 45.

[24] 何雄浪, 郑长德. 新经济地理学的反思与展望 [J]. 上海财经大学学报, 2013 (12): 48 - 55.

[25] 何兴邦. 创业质量与中国经济增长质量——基于省际面板数据的实证分析 [J]. 统计与信息论坛, 2019 (12): 84 - 93.

[26] 侯永雄, 谌新民. 创业如何带动就业? ——基于 1997 - 2013 年中国省区数据的创业与就业关系及时滞性 [J]. 华南师范大学学报 (社会科学版), 2017 (3): 100 - 108, 191.

[27] 胡金焱, 张博. 社会网络、民间融资与家庭创业——基于中国城乡差异的实证分析 [J]. 金融研究, 2014 (10): 43 - 52.

[28] 蒋含明, 李非. 企业家精神、生产性公共支出与经济增长 [J]. 经济管理, 2013 (1): 153 - 161.

[29] 赖德胜, 李长安. 创业带动就业的效应分析及政策选择 [J]. 经济

学动态，2009（2）：83-87.

[30] 李长安，谢远涛. 影响创业带动就业的宏观因素分析 [J]. 国际商务，2012（5）：66-71.

[31] 李宏彬，李杏，姚先国，张海峰，张俊森. 企业家的创业与创新精神对中国经济增长的影响 [J]. 经济研究，2009（10）：99-108.

[32] 李华晶. 知识过滤、创业活动与经济增长——基于我国31个地区的实证研究 [J]. 科学学研究，2010（7）：1001-1007.

[33] 李婧. 基于动态空间面板模型的中国区域创新集聚研究 [J]. 中国经济问题，2013（6）：68-98.

[34] 李胜文，李新春，李大胜. 创业精神的生产性和非生产性：一个制度的视角 [J]. 经济问题探索，2011（3）：13-17.

[35] 李永刚. 财政科技投入对经济增长影响——基于研发（R&D）支出的实证分析 [J]. 首都经济贸易大学学报，2011，13（6）：12-19.

[36] 林光平，龙志和，吴梅. 我国地区经济收敛的空间计量实证分析：1978—2002 年 [J]. 经济学（季刊），2005：71-86.

[37] 林嵩，刘小元. 创业活动活跃程度的先决变量：创业情境的视角 [J]. 管理评论，2013（8）：90-123.

[38] 林强，姜彦福，张健. 创业理论及其架构分析 [J]. 经济研究，2001（9）：85-94，96.

[39] 林光平，龙志和，吴梅. 我国地区经济收敛的空间计量实证分析：1978—2002 年 [J]. 经济学（季刊），2005（S1）：67-82.

[40] 刘波，卢彦萍，徐金玲. 黑龙江省民营经济发展分析研究 [J]. 统计与咨询，2015（6）：28-31.

[41] 刘长江，李少斌. 川东北区域创业促就业联动机制研究 [J]. 中国劳动，2017（2）：59-64.

[42] 刘亮. 企业家精神与区域经济增长 [D]. 上海：复旦大学博士论文，2008.4.

[43] 刘宏，李述晟. FDI 对我国经济增长、就业影响研究——基于 VAR 模型 [J]. 国际贸易问题，2013（4）：90-149.

[44] 刘霞，章仁俊. 我国创业活动区域差异的成因与对策研究 [J]. 江苏商论，2008（2）：32-41.

[45] 刘兴国，沈志渔. 区域创业比较：基于江苏样本企业的实证研究 [J]. 产经评论. 2012（5）：23-44.

[46] 刘俊杰，张龙耀，陈畅. 西部家庭创业的城乡差异及影响因素——以甘肃省为例 [J]. 华中农业大学学报（社会科学版），2014（6）：40 - 73.

[47] 刘强. 中国经济增长的收敛性分析 [J]. 经济研究，2001（6）：70 - 77.

[48] 刘鹏程，李磊，王小洁. 企业家精神的性别差异——基于创业动机视角的研究 [J]. 管理世界，2013（8）：126 - 135.

[49] 刘宗让. 区域创业活动活跃度及实证研究. 经济论坛，2008（2）：4 - 7.

[50] 卢亮，邓汉慧. 创业促进就业吗？——来自中国的证据 [J]. 经济管理，2014（3）：11 - 19.

[51] 卢亮，邓汉慧. 创业型经济背景下创业与经济增长机理研究 [J]. 商业时代，2014（5）：30 - 72.

[52] 罗山. 城市创新型创业环境结构分析与设计 [J]. 科技进步与对策，2010（6）：34 - 79.

[53] 买忆媛，甘智龙. 我国典型地区创业环境对创业机会与创业能力实现的影响——基于 GEM 数据的实证研究 [J]. 管理学报，2008（2）：55 - 89.

[54] 马瑞永. 经济增长收敛机制：理论分析与实证研究 [D]. 杭州：浙江大学，2006.

[55] 齐玮娜. 创业质量的理论与实证研究 [D]. 广州：暨南大学，2015.

[56] 彭学兵，张钢. 地区技术创业活跃程度评价——对我国30个省市自治区的实证研究 [J]. 科学学研究，2007（6）：77 - 98.

[57] 彭源. 创业动机影响因素述评 [J]. 教育教学论坛，2016（6）：67 - 78.

[58] 齐玮娜，张耀辉. 创业、知识溢出与区域经济增长差异——基于中国30个省市区面板数据的实证分析 [J]. 经济与管理研究，2014（9）：23 - 31.

[59] 邱静. 知识溢出视角下区域创业系统的理论与实证研究 [D]. 湘潭：湖南科技大学，2017（6）：34 - 42.

[60] 邱琼，高建. 创业与经济增长关系研究动态综述 [J]. 外国经济与管理，2004（1）：8 - 11，21.

[61] 荣燕. 创业与创业环境 [D]. 长春：吉林大学，2010（2）：45 - 61.

[62] 芮正云，庄晋财. 农户创业与农村经济增长相互促进吗——基于

VAR 模型的实证分析 [J]. 华东经济管理, 2014 (2): 42 - 80.

[63] 任玲玉, 薛俊波. R&D 活动对中国区域经济收敛的驱动效应研究 [M]. 中国科学技术大学出版社, 2016.

[64] 石峰, 赵锡斌. 中国内地 31 个省 (市、区) 企业创业环境比较分析 [J]. 湖南农业大学学报 (社会科学版), 2010 (3): 62 - 88.

[65] 石书德, 高建. 知识流动、创业活动对经济增长的影响——一种解释中国区域经济差异的观点 [J]. 科学学与科学技术管理, 2009 (11): 134 - 140.

[66] 宋来胜, 苏楠, 付宏. 创新创业能力的空间分布及其对地区生产率的影响——基于 SYS - GMM 方法的实证分析 [J]. 科技与经济, 2013, 26 (2): 21 - 25.

[67] 苏妍, 逯进. 中国人力资本与经济增长关系的演进——基于分位数回归的实证分析 [J]. 人口与发展, 2016 (3): 43 - 53.

[68] 苏树联. 技术交易的经济增长效应研究 [D]. 福州: 福州大学, 2016.

[69] 沈超红, 欧阳苏腾. 国内创业环境研究综述 [J]. 企业技术开发, 2004 (9): 31 - 32.

[70] 唐靖, 姜彦福. 创业能力概念的理论构建及实证检验 [J]. 科学学与科学技术管理, 2008 (8): 52 - 57.

[71] 唐根丽, 钱丽, 陈忠卫. 安徽省创业环境区域差异性比较研究——以芜湖、合肥、亳州三地市为例 [J]. 技术经济, 2008 (12): 90 - 145.

[72] 汤灿晴, 董志强, 李永杰. 国外创业与就业关系研究现状探析与未来展望 [J]. 外国经济与管理, 2011 (9): 27 - 33.

[73] 汤学兵, 陈秀山. 我国八大区域的经济收敛性及其影响因素分析 [J]. 中国人民大学学报, 2007 (1): 106 - 113.

[74] 汤勇, 汤腊梅. 区域创业资本与经济增长关系——基于中部地区面板数据的研究 [J]. 经济地理, 2014 (4): 34 - 44.

[75] 王德劲, 向蓉美. 我国人力资本存量估算 [J]. 统计与决策, 2006 (10): 41 - 72.

[76] 王叶军. 创业活力对城市经济增长的影响 [J]. 浙江社会科学, 2019 (2): 11 - 18, 27, 155.

[77] 王琨. 创业对经济增长影响的进展 [J]. 中南财经政法大学学报, 2016 (11): 12 - 21.

[78] 王琨，闫伟. 创业对经济增长的影响 [J]. 经济与管理研究，2016 (6)：23 – 43.

[79] 王琦，赖德胜，陈建伟. 科技创新促进创业就业模式的国际比较 [J]. 山东社会科学，2015 (3)：23 – 47.

[80] 王玉杰. 论创业的内涵、价值及实施途径的研究 [J]. 中国集体经济，2015 (3)：23 – 47.

[81] 汪明月，刘宇，秦海波，李梦明. 否发地区创新创业模式及优化研究 [J]. 科技管理，2018 (9)：68 – 77.

[82] 伍秀娟. 地区创业行为差异研究 [D]. 西北大学，2010 (3)：23 – 33.

[83] 吴江. 对我国实施以创业带动就业战略的探讨 [J]. 人口与经济，2009 (4)：48 – 52.

[84] 吴明来，李碧珍，张菊伟. 制造业和文化产业的融合：我国制造业升级的路径选择 [J]. 福建农林大学学报，2013 (4)：67 – 72.

[85] 夏敏. 我国大学知识创造能力的评价与管理研究 [D]. 大连理工大学，2010 (5)：23 – 34.

[86] 肖建忠. 唐艳艳. 企业家精神与经济增长关系的理论与经验研究综述 [J]. 外国经济与管理，2004 (1)：2 – 7.

[87] 徐萌. 创业对我国经济增长影响的定量研究 [D]. 吉林大学，2012.

[88] 熊彼特.《资本主义、社会主义与民主》 [M]. 北京：商务印书馆. 1942.

[89] 熊彼特. 经济发展理论（1990 年中译本） [M]. 北京：商务印书馆. 1934.

[90] 杨朝峰，赵志耘，许治. 区域创新能力与经济收敛实证研究 [J]. 中国软科学，2015 (1)：88 – 95.

[91] 杨俊，薛红志，牛芳. 先前工作经验、创业机会与新技术企业绩效——一个交互效应模型及启示 [J]. 管理学报，2011 (1)：77 – 94.

[92] 易旸. 创新型创业带动就业的效应研究 [D]. 南京财经大学，2016.

[93] 袁卫，吴翌琳. 创业测度与实证：研究进展与发展方向 [J]. 经济理论与经济管理，2018 (9)：23 – 33.

[94] 岳书敬. 我国省级区域人力资本的综合评价与动态分析 [J]. 现代

管理科学，2008（4）：78 – 95.

［95］曾冰. 我国区域金融发展与经济敛散性分析——基于省级面板数据的研究［J］. 经济问题探索，2015（8）：134 – 141.

［96］翟庆华，叶明海，苏靖. 创业活跃程度与经济增长的双螺旋模型及实证研究［J］. 科技进步与对策，2012（14）：1 – 5.

［97］赵朋飞，王宏健，赵曦. 人力资本对城乡家庭创业的差异影响研究——基于 CHFS 调查数据的实证分析［J］. 人口与经济，2015（2）：15 – 23.

［98］赵瑞. 创业活动的就业效应研究［D］. 北京：北京交通大学，2018.

［99］赵向阳，李海，Andreas Rauch. 创业活动的国家（地区）差异：文化与国家（地区）经济发展水平的交互作用［J］. 管理世界，2012（8）：42 – 56.

［100］张萃. 什么使城市更有利于创业？［J］. 经济研究，2018（4）：151 – 166.

［101］张车伟，王博雅，高文书. 创新经济对就业的冲击与应对研究［J］. 中国人口科学，2017（5）：2 – 11.

［102］张成刚，廖毅. 创业能带动就业发展吗？［J］. 浙江工商大学学报，2017（4）：76 – 84.

［103］张成刚，廖毅，曾湘泉. 创业带动就业：新建企业的就业效应分析［J］. 中国人口科学，2015（1）：38 – 47.

［104］张刚，崔凯峰. 地区创业水平：对我国 31 个地区的评价研究［J］. 科技管理研究，2009（10）.

［105］张健，姜彦福，林强. 创业理论研究与发展动态［J］. 经济学动态，2003（5）：71 – 74.

［106］张建英. 创业活动与经济增长内在关系研究［J］. 经济问题，2012（7）：42 – 45.

［107］张明. 新创企业出生率区域差异的影响因素分析［J］. 科技进步与对策，2011（11）：23 – 56.

［108］张明妍，王岩，马兴. 创业与经济发展的关系——基于 GEM 的实证研究［J］. 技术与创新管理，2017（4）：393 – 396，417.

［109］张景鸣，李博. 黑龙江省个体经济发展调查问题研究［J］. 内蒙古统计，2011（3）：34 – 35.

［110］张军，章元. 对中国资本存量 K 的再估计［J］. 经济研究，2003

（7）：35 - 43，90.

[111] 张薇. 生存型创业与机会型创业影响因素研究 [D]. 华南理工大学，2011.

[112] 张艳，刘亮. 经济集聚与经济增长——基于中国城市数据的实证分析 [J]. 世界经济文汇，2007（2）：48 - 56.

[113] 张玉利，杨俊，任兵. 社会资本、先前经验与创业机会 [J]. 管理世界，2008（7）：91 - 102.

[114] 张哲华. 产业集聚，创新与区域科技创业 [D]. 南京：东南大学，2015.

[115] 邹薇，寻租与腐败：理论分析和对策 [J]. 武汉大学学报，2007（2）.

[116] 郑馨，周先波. 社会规范是如何激活创业活动的？——来自中国"全民创业"十年的微观证据 [J]. 经济学（季刊），2018（1）：189 - 220.

[117] 周德禄. 基于人口指标的群体人力资本核算理论与实证 [J]. 中国人口科学，2005（3）：23 - 45.

[118] 朱国艳. 我国对外开放度与经济增长关系实证分析 [D]. 天津：天津财经大学，2007.

[119] 朱建平，陈民恳. 面板数据的聚类分析及其应用 [J]. 统计研究，2007（4）：11 - 14.

[120] 朱仁宏. 创业研究前沿理论探讨——定义、概念框架与研究边界 [J]. 管理科学，2004（4）：71 - 77.

[121] 朱金生，匡东. 我国创新创业的耦合关系演进及其就业效应测度 [J]. 财会月刊，2017（4）：114 - 121.

[122] 朱金生，余凡. 我国创新、创业与就业互动关系的地区异质性考察 [J]. 科技管理研究，2018（14）：68 - 74.

[123] 朱金生，朱华. 科技创新与科技创业的"本地 - 邻地"就业效应研究 [J]. 科技管理研究，2021（11）：70 - 83.

[124] Acs Z. J. Varga A. Entrepreneurship, Agglomeration and Economic Growth [J]. Small Business Economics, 2005（3）：323 - 334.

[125] Acs Z. J., Mueller P. Employment Effects of Business Dynamics: Mice, Gazelles and Elephants [J]. Small Business Economics, 2008（1）：85 - 100.

[126] Acs Z. J., Braunerhjelm P., Audretsch D. B., Carlsson B. The Knowledge Spillover Theory of Ecall Business Economics, 2009（1）：15 - 30.

[127] Acs Z. J. , Autio E. , Szerb Luslo. National Systems of Entrepreneurship: Measurement Issues and Policy Implications [J]. Research Policy, 2014 (3) 476 – 494.

[128] Acs Z. J. , Estrin S. , Mickiewicz T, Szerb L. Entrepreneurship, Institutional Economics, and Economic Growth: An Ecosystem Perspective [J]. Small Business Economics, 2018 (51): 501 – 514.

[129] Adusei M. Does Entrepreneurship Promote Economic Growth in Africa? [J]. African Development Review – Revue Africaine DE Development 2016 (2): 201 – 214.

[130] Aghion P. , Howitt P. A. Model of Growth Through Creative Destruction [J]. Econometrica, 1992 (2): 323 – 351.

[131] Aluízio Antonio de Barros, Cláudia Maria Miranda de Araújo Pereira. Entrepreneurship and Economic Growth: Some Empirical Evidence. [J] Revista de Administração Contemporânea, 2008 (4): 975 – 986.

[132] Anokhin S. , Wincent J. , Autio E . Operationalizing Opportunities in Entrepreneurship Research: Use of Data Envelopment Analysis [J]. Small Business Economics, 2011, 37 (1): 39 – 57.

[133] Audretsch D. B. Innovation and Industy Evolution [M]. Cambridge, MA: MIT Press, 1995.

[134] Audretsch D. B. , Feldman M. P. R&D Spillovers and the Geography of Innovation and Production [J]. American Economic Review, 1996 (86): 630 – 640.

[135] Audretsch D. B. , Thurik A. R. What a New about the New Economy: Sources of Growth in the Managed and Entrepreneurial Economies [J]. Industrial and Corporate Change, 2001, 19 (1): 795 – 821.

[136] Audretsch D. B. , Carree M. A. , A. J. van Stel, A. R. Thurik. Impeded Industrial Restructuring [J]; the Growth Penalty. Kylklos, 2002 (55): 81 – 98.

[137] Audretsch D. B. , Keilbach M. Entrepreneurship Capital and Economic Performance? [J]. Regional Studies, 2004, 38 (8): 949 – 959.

[138] Audretsch D. B. Entrepreneurship Capital and Economic Growth [J]. Oxford Review of Economic Policy, 2007, 23 (1): 63 – 78.

[139] Baumol W. J. Entrepreneurship: Productive, Unproductive, and

Destructive [J]. Journal of Political Economy, 1990, 98 (5): 893 – 921.

[140] Baptista R. Clusters, Innovation and Growth: A Survey of the Litera-ture. [M]. London: Oxford University Press, 1999.

[141] Baptista R. , Thurik A. R. The Relationship between Entrepreneurship and Unemployment: Is Portugal an Outlier? [J]. Technological Forecasting & Social Change, 2007, 74 (1): 75 – 89.

[142] Baptista R. , Vitor E. , Paulo M. Entrepreneurship, Regional Development and Job Creation: the Case of Portugal [J]. Small Business Economics, 2008, 30 (1): 49 – 58.

[143] Baptista R. , Preto M. T. New Firm Formation and Employment Growth: Regional and Business Dynamics [J]. Small Business Economics, 2011, 36 (4): 419 – 442.

[144] Blanchflower D. G. Self-employment in OECD Countries [J]. Labour Economics, 2000, 7 (5).

[145] Braunerhjelm P. , B. Borgman. Agglomeration, Diversity and Regional Growth [D]. CESIS Electronic Working Paper Series, 2006.

[146] Calvo J. I. Testing Gibrat's Law for Small, Young and Innovating Firms [J]. Small Business Economics, 2006, 26 (2): 117 – 123.

[147] Carree M. , Stel A. V. , Thurik R. Economic Development and Business Ownership: An Analysis Using Data of 23 OECD Countries in the Period 1976 – 1996 [J]. Small Business Economics, 2002, 19 (3): 271 – 290.

[148] Carree M. A. , Thurik A. R. The Lag Structure of the Impact of Business Ownership on Economic Performance in OECD Countries [J]. Small Business Economics, 2008, 30 (1): 100 – 101.

[149] Caves Richard E. Industrial Organization and New Findings on the Turn-over and Mobility of Firms [J]. Journal of Economic Literature, 1998, 36 (4): 1947 – 1982.

[150] Chih-Wen Wu, Kun-Huang Huarng. Global entrepreneurship and inno-vation in management [J]. Journal of Business Research, 2015 (4): 56 – 86.

[151] Crnoga K. , Rebernik M. , Hojnik B. B. Supporting Economic Growth with Innovation-oriented Entrepreneurship [J]. Ekonomicky Casopis, 2015, 13 (4) 395 – 409.

[152] David Urbano, Sebastian Aparicio. Entrepreneurship Capital Types and

Economic Growth: International Evidence [J]. Technological Forecasting&Social Change, 2015 (2): 39 - 69.

[153] Davis Steven J., John C. Haltiwanger and Scott Schuh. Job Creation and Destruction [M]. Cambridge and London: MIT Press, 1997.

[154] Dorota Jelonek. The Role of Open Innovations in the Development of e-Entrepreneurship [J]. Procedia Computer Science, 2015 (3): 67 - 99.

[155] Doran J, Mccarthy N, O'Connor Marie. Entrepreneurship and Employment Growth across European Regions [J]. Regional Studies, Regional ence, 2016, 3 (1): 121 - 128.

[156] Eliasson Gunnar, Christopher Green. Microfoundations of Economic Growth: A Schumpeterian Perspective [M]. The University of Michigan Press, 1998.

[157] Escape to Victory: Development, Youth Entrepreneurship and the Migration of Ghanaian Footballers [J]. James Esson. Geoforum, 2015 (6): 68 - 95.

[158] Fogel Daniel S. Environments for Entrepreneurship Development: Key Dimension and Research Implications [M]. Entrepreneurship Theory Practice, 1994.

[159] Fritsch M. Arbeitsplatzentwichlung in Industriebetrieben [M]. Berlin: de Gruyter, 1990.

[160] Fritsch M. New Firms and Regional Employment Change [J]. Small Business Economics, 1997, 9 (5): 437 - 448.

[161] Fritsch M., Mueller P. The Effects of New Business Formation on Regional Development over Time [J]. Applied Economics Letters, 2004, 38 (1): 961 - 975.

[162] Fritsch M., Mueller P. Direct and Indirect Effects of New Business Formation on Regional Employment [J]. Applied Economics Letters, 2005, 12 (9): 545 - 548.

[163] Fritsch M., Mueller P. The Effects of New Business Formation on Regional Development over time: the Case of Germany [J]. Small Business Economics, 2008, 30 (1): 15 - 29.

[164] Fritsch M. How does New Business for Mation Affect Regional Development? [J]. Small Business Economics, 2008, 30 (1): 1 - 14.

[165] Frederic S. Local and Systemic Entrepreneurship: Solving the Puzzle of Entrepreneurship and Economic Development [J]. Entrepreneurship Theory and

Practice, 2017, 37 (2): 387 – 402.

[166] Füsun Istanbullu Dincer, Mithat Zeki Dincer, Selman Yilmaz. The Economic Contribution of Turkish Tourism Entrepreneurship on the Development of Tourism Movements in Islamic Countries [J]. Procedia Social and Behavioral ciences, 2015 (3): 48 – 87.

[167] GEM. Global Entrepreneurship Monitor: 2000 Executive Report [R]. Kansas City, Mo: Kauffman Center for Entrepreneurial Leadship, 2000: 1 – 60.

[168] Glaeser E. , Kallal H. , Scheinkman J. Gowth in City [J]. Journal of Political Economy. 1992, 100 (6), 1126 – 1152.

[169] Glaeser E L. Learning in Cities [J]. Journal of Urban Economics, 1999, 46 (2): 254 – 277.

[170] Gonzalez P. J. Pena L. I. Export-oriented Entrepreneurship and Regional Economic Growth [J]. Small Business Economics, 2015, 45 (3): 505 – 522.

[171] Holcombe R. G. Entrepreneurship and Economic Growth [J]. The Quarterly Journal of Austrian Economics, 1998 (2): 45 – 62.

[172] Huggins R, Thompson P. Entrepreneurship, Innovation and Regional Growth: a Network Theory [J]. Small Business Economics, 2015, 45 (1): 103 – 128.

[173] Koster S. , Rai S. K. Entrepreneurship and Economic Developmenr in a Developing Country A Case Study of India [J]. Journal of entrepreneurship, 2008, 17 (2): 117 – 137.

[174] Johnson P. Parker S. Spatial Variation in the Determinants and Effects of Firm Births and Deaths [J]. Regional Studies, 1996, 30 (7): 679 – 688.

[175] Lerner D. M. , Avrahami Y. Entrepreneurship Monitor 1999 Israel Executive Report [R]. The Israel Institute of Business Research.

[176] Matos S. , Hall J. . An Exploratory Study of Entrepreneurs in Impoverished Communities: When Institutional Factors and Individual Characteristics Result in Non-productive Entrepreneurship [J]. Entrepreneurship and Regional Development, 2019 (1): 1 – 22.

[177] María Soledad C. , María T. M. , Miguel ángel G. The Effect of Social, Cultural, and Economic Factors on Entrepreneurship [J]. Journal of Business Research, 2015 (7): 89 – 156.

[178] Matthias Schulz, Diemo Urbig, Vivien Procher. Hybrid Entrepreneur-

ship and Public Policy: Thecase of Firm Entry Deregulation [J]. Journal of Business Venturing, 2016 (2): 32 – 67.

[179] Mayes D. , Hart P. , Mathews D. , Alan S. The Single Market Programme as a Stimulus to Change: Comparisons between Britain and Germany [M]. Cambridge University Press, 1994.

[180] Miguel-Ángel Galindo, María Teresa Méndez. Entrepreneurship, Economic Growth, and Innovation: Are feedback Effects at Work? [J]. Journal of Business Research, 2014, 67 (5): 825 – 829.

[181] Miri L. , Gandida B. , Robert H. Israeli Women Entrepreneurs: An Examination of Factors Affecting Performance [J]. Journal of Business Venturing, 1997 (12): 315 – 339.

[182] Minniti, Maria. The Role of Government Policy on Entrepreneurial Activity: Productive, Unproductive or Destructive [J]. Entrepreneurship Theory and Practice, 2008, 779 – 790.

[183] Morris M. H. , Neumeyer X. , Kuratko D. F. A Portfolio Perspective on Entrepreneurship and Economic Development [J]. Small Business Economics, 2015, 45 (4): 713 – 728.

[184] Mueller P. , Van A. S. , Storey D. The Effect of New Firm Formation on Regional Development Over Time: The Case of Great Britain [J]. Small Business Economics, 2008, 30 (1): 59 – 71.

[185] Joh S. W. Strategic Managerial Incentive Compensation in Japan: Relative Performance Evaluation and Product Mark Collusion [J]. The Review of Economics and Statistics, 1999 (2): 303 – 313.

[186] OECD, A Framework for Addressing and Measuring Entrepreneurship, OECD Publishing, Paris. 2008.

[187] OECD. OECD Regions and Cities at a Glance 2018 [M]. Paris: OECD Publishing, 2018.

[188] Patrick P. , Stefanie B. , Rita A. , Rebekka G. , Mahdi B. Entrepreneurship Education and Entry into Self-Employment Among University Graduates [J]. World Development, 2016, 77: 311 – 327.

[189] Rupasingha A, Goetz S. J. Self-Employment and Local Economic Performance: Evidence from US Counties [J]. Papers in Regional Science, 2013 (1): 141 – 161.

［190］Reynolds P, Camp M, Bygrave W, Autio E, Hay M. Global Entrepreneurship Monitor: 2000 Executive Report ［R］. 2002.

［191］Romer P. M. Increasing Returns and Long-run Growth ［J］. The Journal of Political Economy, 1986, 94（5）: 1002 – 1037.

［192］Romer P. M. Endogenous Technological Change. Journal of Political Economy, 1990. 98（5）: 71 – 102.

［193］Roy A. , Thurik. Does Self-employment Reduce Unemployment? ［J］. Journal of Business Venturing, 2008, 23（6）: 673 – 687.

［194］Sautet F. Local and Systemic Entrepreneurship: Solving the Puzzle of Entrepreneurship and Economic Development ［J］. Entrepreneurship Theory and Practice, 2013（37）: 387 – 402.

［195］Schmper J. The Theory of Economic Development ［M］. Cambridge, MA: Harvard University Press, 1934.

［196］Shane S. Explaining Variation in Rates of Entrepreneurship in the United States: 1899 – 1988 ［J］. Journal of Management, 1996, 22（5）: 747 – 781.

［197］Shane S. , Prior Knowledge and the Discovery of Entrepreneurial Opportunities ［J］. Organization Science, 2000, 11（4）: 448 – 469.

［198］Shane S. , Venkataraman S. The Promise of Entrepreneurship as a Field of Research ［J］. Academy of Management Review, 2000, 25（1）: 217 – 226.

［199］Schumpeter J. A. The Theory of Economic Development ［M］. New Brunswick, New Jersey, Transaction Publishers, 1912.

［200］Sobel R. S. Testing Baumol: Institutional Quality and the Productivity of Entrepreneurship ［J］. Journal of Business Venturing, 2008, 23（6）: 641 – 655.

［201］Solow R. M. A contribution to the Theory of Economic Growth ［J］. Quarterly Journal of Economics, 1956, （70）: 65 – 94.

［202］Sorin G. T. , Ana M. G. Paul Marinescu. Economic Development Entrepreneurship ［J］. Procedia Economics and Finance, 2014（4）: 78 – 89.

［203］Stam E. , Van S. A. Types of Entrepreneurship and Economic Growth ［D］. UNU-MERIT Working Paper Series, 2009.

［204］Sternberg, R. Regional Determinants of Entrepreneurial Activities—Theories and Empirical Evidence ［M］. In M. Fritsch（ed. ）Handbook of Research on Entrepreneurship and Regional Development, 2011.

［205］Storey D. J. , Johnson S. Job Generation and Labour Market Change

[J]. Economic Journal, 1988, 98 (392): 862.

[206] Storey D. J. Understanding the Small Business Sector [M]. London: Routledge, 1994.

[207] Thurik A. R., Carree M., Audretsch D. B. Does self-employment reduce unemployment [J]. Journal of Business Venturing, 2008, 23 (6): 673 –686.

[208] Valliere D., Peterson R. Entrepreneurship and Economic Growth: Evidence from Emerging and Developed Countries [J]. Entrepreneurship and Regional Development. 2009, 21 (5): 459 –480.

[209] Praag M. V., Versloot P. H. What is the Value of Entrepreneurship? A Review of Recent Research [J]. Small Business Economics, 2007, 29 (4): 351 – 382.

[210] Van S. A., Storey D. The Relationship between Firm Births and Job Creation: Did this Change in Britain in the 1990s? [C]. Rotterdam: EIM Business and Policy Research, 2002, 1 –9.

[211] Van S. A., Storey D. Link Between Firm Births and Job Creation: is there a Upas Tree Effect? [J]. Regional Studies, 2004, 38 (8): 893 –909.

[212] Van S. A., Carree M. A., Thurik, A. R. The Effect of Entrepreneurial Activity on National Economic Growth [J]. Small Business Economics, 2005, 24 (3): 311 –321.

[213] Verena B., Oliver I. Mushrooming Entrepreneurship: The Dynamic Geography of Enthusiast-driven Innovation [J]. Geoforum, 2015 (4): 78 –123.

[214] Wennekers S., Andrevan S., Reynolds T. P. Nascent Entrepreneurship and the Level of Economic Development [J]. Small Business Economics, 2005, 24 (3): 293 –309.

[215] Wong P. K., Ho Y. P., Autio E. Entrepreneurship, Innovation and Economic Growth: Evidence from GEM data [J]. Small Business Economics, 2005, 24 (3): 335 –350.

[216] Yavuz I., Zümrüt E. S. Economic and Social Benefits that can be Obtained by a Combination of Innovation and Corporate Entrepreneurship Activities in Turkish Companies [J]. Procedia-Social and Behavioral Sciences, 2015 (9): 128 – 147.

[217] YU T. F., Entrepreneurship and Economic Development in Hong Kong. Rout ledge Advances in Asia-Pacific Business, 1997.

后　记

　　创业问题直接关乎中国未来发展的可持续性，也关乎人民生活就业等国计民生问题。在项目研究的过程中，部分阶段性研究成果已经在《科技进步与对策》《统计与决策》等 CSSCI 来源期刊公开发表，部分研究成果被国内公开发表的论文引用；部分研究成果得到政府有关部门采纳。这充分体现了作者从事科学研究服务于我国经济社会发展的初心和使命。

　　浙江工商大学统计学院是统计学一流学科，具有充足的科学研究力量，良好的研究氛围。感谢统计学科带头人苏为华教授、陈振龙教授、陈钰芬教授、程开明教授、陈骥教授、徐霭婷教授对本书出版的帮助和支持。感谢学院领导刘仁平书记、黄敏辉书记对本人从事教学和科研工作的帮助与支持。感谢向书坚教授、杨晓蓉教授、董雪梅教授、陆利正教授对本研究的帮助。感谢我的硕士生冯璐、王献雨、张菲菲、杨雪怡、钱潮、罗玲玲和崔晶晶，他们在文献资料的收集、数据的处理、建模分析、书稿修改和完善过程中付出了辛勤的劳动，同时，感谢经济科学出版社经管编辑中心对本书出版的大力支持！

　　本书在撰写过程中借鉴了国内外许多相关研究成果，均已列出，如有遗漏，敬请指正！在此向所有关心此书出版的朋友表示由衷的感谢！感谢我的先生和女儿对我工作的支持和理解，是他们的包容让我能在研究工作中取得一点成绩。

　　由于笔者学识水平所限，本书中还存在一些不妥和不足，敬请学界同仁批评指正。

陈　娟

2022 年 10 月